ADGD0018 / ADGD0027 / ADGD0071

NÓMINAS Y
SEGURIDAD SOCIAL I Y II

ADGD0018 / ADGD0027 / ADGD0071

NÓMINAS Y
SEGURIDAD SOCIAL I Y II

Ana García Alcázar

La ley prohíbe
fotocopiar este libro

ADGD0018 / ADGD0027 / ADGD0071 - NÓMINAS Y SEGURIDAD SOCIAL I y II
Código THEMA: KJMV2 - Derecho laboral
Código BISAC: BUS044000 - Business & Economics / Human Resources & Personnel Management
© Ana García Alcázar
© De la edición: Ra-Ma 2026

Editado por:
RA-MA Editorial
Calle Jarama, 33, Polígono Industrial Igarsa
28860 PARACUELLOS DE JARAMA, Madrid
Teléfono: 91 658 42 80
Fax: 91 662 81 39
Correo electrónico: info@grupoeditorialrama.com
Internet: www.ra-ma.es y www.ra-ma.com
ISBN impreso: 979-13-88059-68-1
Depósito legal: M-7110-2026
Maquetación: Antonio García Tomé
Diseño de portada: Antonio García Tomé
Filmación e impresión: Safekat
Impreso en España en abrilde 2026

Para Alberto y Maru,
Por estar en cada paso
y en cada momento importante.

Índice

Cálculo de prestaciones de la seguridad social

1

Acción protectora de la seguridad social

La acción protectora de la Seguridad Social es el conjunto de medidas, prestaciones y servicios que el sistema público de Seguridad Social establece para proteger a las personas frente a determinadas situaciones que pueden afectar a su capacidad para trabajar o generar ingresos.

El sistema de Seguridad Social tiene como finalidad garantizar un nivel mínimo de protección económica y social a los ciudadanos cuando se producen determinadas contingencias que pueden afectar a su bienestar o a su estabilidad económica. Estas contingencias pueden derivarse de situaciones como enfermedad, accidente, desempleo, jubilación o cargas familiares.

La acción protectora constituye uno de los pilares fundamentales del sistema de protección social en muchos países, ya que permite asegurar que los trabajadores y sus familias dispongan de recursos económicos y asistencia cuando se encuentran en situaciones de necesidad.

En términos generales, la acción protectora de la Seguridad Social incluye diferentes tipos de prestaciones y servicios que pueden ser de carácter:

- Económico, cuando se conceden ayudas económicas o pensiones.
- Sanitario, cuando se proporciona asistencia médica.
- Social, cuando se ofrecen servicios destinados a mejorar la calidad de vida de las personas protegidas.

La regulación de estas prestaciones tiene como objetivo garantizar la protección de los trabajadores y de sus familias frente a los riesgos derivados de la vida laboral y social.

1.1 CONCEPTO Y TIPOS DE ACCIÓN PROTECTORA

La acción protectora del sistema de Seguridad Social puede definirse como el conjunto de prestaciones y servicios que el sistema ofrece a los ciudadanos para hacer frente a determinadas situaciones de necesidad.

Estas situaciones suelen estar relacionadas con la pérdida o disminución de ingresos derivada de circunstancias como la incapacidad para trabajar, la jubilación o el fallecimiento de una persona que contribuía al sustento familiar.

El sistema de Seguridad Social se organiza de manera que las prestaciones puedan atender diferentes necesidades sociales, proporcionando tanto apoyo económico como asistencia sanitaria o social.

Entre las principales finalidades de la acción protectora se encuentran:

- ▸ Garantizar la asistencia sanitaria a la población.
- ▸ Proteger a los trabajadores frente a la pérdida de ingresos.
- ▸ Proporcionar pensiones o ayudas económicas en determinadas situaciones.
- ▸ Ofrecer apoyo a las familias en determinadas circunstancias.

Estas medidas permiten asegurar un nivel básico de protección social y contribuyen a mejorar la estabilidad económica y social de la población.

1.1.1 Tipos de acción protectora del sistema de Seguridad Social

El sistema de Seguridad Social ofrece diferentes tipos de acción protectora, que pueden clasificarse en función del tipo de prestación o servicio que se proporciona a los beneficiarios.

Entre los principales tipos de acción protectora se encuentran los siguientes.

Asistencia sanitaria

La asistencia sanitaria comprende los servicios médicos y farmacéuticos destinados a preservar o restablecer la salud de las personas protegidas por el sistema de Seguridad Social.

Incluye actuaciones como:

- Atención médica en centros de salud y hospitales.
- Servicios de diagnóstico y tratamiento.
- Asistencia farmacéutica.
- Atención preventiva y rehabilitación.

Este tipo de prestación tiene como objetivo garantizar el acceso a la atención sanitaria necesaria para mantener o recuperar la salud.

Prestaciones económicas

Las prestaciones económicas consisten en ayudas monetarias destinadas a compensar la pérdida de ingresos cuando el trabajador no puede desarrollar su actividad laboral o cuando se producen determinadas situaciones protegidas por el sistema.

Entre las prestaciones económicas más importantes se encuentran:

- Prestaciones por incapacidad temporal.
- Pensiones de jubilación.
- Prestaciones por incapacidad permanente.
- Prestaciones por nacimiento y cuidado de menores.
- Prestaciones por desempleo.

Estas prestaciones permiten asegurar un nivel mínimo de ingresos para los trabajadores y sus familias cuando se produce una situación que afecta a su capacidad económica.

Servicios sociales

El sistema de Seguridad Social también incluye determinados servicios sociales destinados a mejorar la calidad de vida de las personas protegidas.

Estos servicios pueden incluir:

- ▼ Programas de rehabilitación.
- ▼ Atención a personas en situación de dependencia.
- ▼ Servicios de apoyo social.

Estos servicios complementan las prestaciones económicas y sanitarias, contribuyendo a ofrecer una protección integral a los ciudadanos.

La acción protectora de la Seguridad Social constituye, por tanto, un conjunto de medidas destinadas a garantizar el bienestar y la protección social de las personas frente a diversas situaciones de necesidad.

1.1.2 Prestaciones contributivas y no contributivas

Las prestaciones del sistema de Seguridad Social pueden clasificarse en prestaciones contributivas y prestaciones no contributivas, en función de si el acceso a ellas depende o no de haber realizado previamente cotizaciones al sistema.

Esta clasificación permite distinguir entre aquellas prestaciones que se financian principalmente mediante las cotizaciones de los trabajadores y las empresas, y aquellas que se financian con recursos públicos para garantizar un nivel mínimo de protección social a todas las personas.

Prestaciones contributivas

Las prestaciones contributivas son aquellas que se conceden a los trabajadores que han realizado cotizaciones al sistema de Seguridad Social durante un periodo determinado.

Para acceder a estas prestaciones es necesario cumplir determinados requisitos relacionados con el tiempo de cotización y la situación laboral del trabajador.

Entre las prestaciones contributivas más importantes se encuentran:

▼ Incapacidad temporal, cuando el trabajador no puede desempeñar su actividad laboral debido a enfermedad o accidente.

▼ Incapacidad permanente, cuando el trabajador sufre limitaciones permanentes que reducen o impiden su capacidad para trabajar.

▼ Jubilación, que se concede cuando el trabajador alcanza la edad establecida por la normativa y cumple los requisitos de cotización.

▼ Prestaciones por nacimiento y cuidado de menor.

▼ Prestaciones por desempleo.

▼ Pensiones de viudedad y orfandad.

Estas prestaciones se financian principalmente mediante las cotizaciones sociales realizadas por trabajadores y empresarios durante la vida laboral.

Prestaciones no contributivas

Las prestaciones no contributivas están destinadas a aquellas personas que se encuentran en situación de necesidad pero que no han cotizado lo suficiente al sistema de Seguridad Social para acceder a las prestaciones contributivas.

Este tipo de prestaciones tiene como finalidad garantizar un nivel mínimo de protección social a las personas que carecen de recursos económicos suficientes.

Entre las prestaciones no contributivas más relevantes se encuentran:

▼ Pensiones no contributivas de jubilación.

▼ Pensiones no contributivas de incapacidad.

▼ Determinadas ayudas o prestaciones de carácter asistencial.

Estas prestaciones se financian principalmente a través de los presupuestos públicos del Estado, ya que no dependen directamente de las cotizaciones realizadas por los trabajadores.

1.1.3 Finalidad de la protección social

La protección social tiene como objetivo principal garantizar el bienestar de las personas frente a determinadas situaciones que pueden afectar a su capacidad para obtener ingresos o mantener unas condiciones de vida adecuadas.

El sistema de Seguridad Social se establece para ofrecer una cobertura frente a riesgos que pueden surgir a lo largo de la vida de los ciudadanos, especialmente aquellos relacionados con la actividad laboral.

Entre las principales finalidades de la protección social se encuentran:

- Proteger a los trabajadores frente a la pérdida de ingresos, cuando no pueden trabajar por enfermedad, accidente o jubilación.

- Garantizar la asistencia sanitaria, permitiendo el acceso a servicios médicos y tratamientos necesarios para preservar la salud.

- Proteger a las familias, especialmente en situaciones como el fallecimiento de la persona que aportaba ingresos al hogar.

- Reducir las desigualdades sociales, proporcionando apoyo a las personas con menores recursos económicos.

- Favorecer la estabilidad económica y social, mediante la redistribución de recursos y la garantía de un nivel mínimo de protección.

La protección social constituye un elemento fundamental del Estado de bienestar, ya que permite asegurar condiciones de vida dignas para la población y contribuye al equilibrio social y económico de la sociedad.

1.2 ASISTENCIA SANITARIA

La asistencia sanitaria es una de las principales prestaciones incluidas dentro de la acción protectora del sistema de Seguridad Social. Su finalidad es garantizar a las personas protegidas el acceso a los servicios médicos necesarios para preservar o recuperar su salud.

La asistencia sanitaria comprende el conjunto de servicios médicos, hospitalarios y farmacéuticos que se prestan a los beneficiarios del sistema.

Estos servicios incluyen tanto actuaciones preventivas como tratamientos destinados a diagnosticar o tratar enfermedades.

Entre los servicios que forman parte de la asistencia sanitaria se encuentran:

- Atención médica en centros de salud.
- Atención especializada en hospitales.
- Servicios de diagnóstico y pruebas médicas.
- Tratamientos médicos y quirúrgicos.
- Asistencia farmacéutica.
- Programas de rehabilitación.

La asistencia sanitaria se presta a través del sistema público de salud, que garantiza el acceso a estos servicios a los trabajadores y a otros colectivos protegidos por la normativa.

El acceso a la asistencia sanitaria puede variar en función del régimen de Seguridad Social al que pertenezca el trabajador, así como de determinadas circunstancias personales o laborales.

1.2.1 Asistencia sanitaria en el Régimen General

El Régimen General de la Seguridad Social es el régimen que protege a la mayoría de los trabajadores por cuenta ajena. Los trabajadores incluidos en este régimen tienen derecho a la asistencia sanitaria cuando cumplen los requisitos establecidos por la normativa.

En este caso, la asistencia sanitaria se presta a través de los servicios públicos de salud gestionados por las administraciones sanitarias correspondientes.

Los beneficiarios de esta prestación pueden ser:

- El trabajador afiliado y en situación de alta o asimilada al alta en la Seguridad Social.

- Determinados familiares o personas a su cargo que tengan la condición de beneficiarios.

La asistencia sanitaria incluye tanto la atención primaria como la atención especializada, así como los tratamientos médicos necesarios para el cuidado de la salud.

Además, el sistema sanitario también ofrece programas de prevención, vacunación y promoción de la salud destinados a mejorar el bienestar de la población.

1.2.2 Asistencia sanitaria en los Regímenes Especiales

Además del Régimen General, la Seguridad Social contempla diversos **regímenes especiales** destinados a proteger a determinados colectivos profesionales que presentan características específicas en su actividad laboral.

Entre los regímenes especiales más conocidos se encuentran:

▼ El régimen especial de trabajadores autónomos.

▼ El régimen especial del mar.

▼ Otros regímenes aplicables a determinados colectivos profesionales.

Los trabajadores incluidos en estos regímenes también tienen derecho a la asistencia sanitaria, aunque el acceso y las condiciones pueden presentar algunas particularidades en función del régimen correspondiente.

En general, los beneficiarios de estos regímenes reciben la asistencia sanitaria a través del sistema público de salud, de forma similar a los trabajadores incluidos en el Régimen General.

La finalidad de estos regímenes especiales es adaptar la protección social a las características específicas de determinados sectores profesionales.

1.2.3 Asistencia sanitaria en desplazamientos por Europa (Tarjeta Sanitaria Europea)

La Tarjeta Sanitaria Europea (TSE) es un documento que permite a los ciudadanos recibir asistencia sanitaria durante estancias temporales en otros países de Europa en condiciones similares a las de los ciudadanos del país que visitan.

Esta tarjeta facilita el acceso a los servicios sanitarios públicos en los países que forman parte del sistema europeo de coordinación de la Seguridad Social.

La Tarjeta Sanitaria Europea permite acceder a la atención médica cuando el desplazamiento se realiza por motivos como:

- Viajes turísticos.
- Desplazamientos laborales temporales.
- Estudios en otro país europeo.

La asistencia sanitaria que se recibe mediante la Tarjeta Sanitaria Europea se presta conforme a la normativa del país en el que se recibe el tratamiento.

Es importante tener en cuenta que la tarjeta no cubre determinados gastos, como:

- Tratamientos médicos privados.
- Repatriación sanitaria.
- Viajes con finalidad específica de recibir tratamiento médico.

La Tarjeta Sanitaria Europea constituye un instrumento importante para garantizar la protección sanitaria de los ciudadanos cuando se desplazan temporalmente dentro del espacio europeo.

1.3 RECUPERACIÓN PROFESIONAL

La recuperación profesional es una de las actuaciones que forman parte de la acción protectora del sistema de Seguridad Social. Su finalidad es facilitar la reincorporación de los trabajadores al mercado laboral cuando han sufrido una enfermedad, un accidente o cualquier situación que haya reducido o limitado su capacidad para trabajar.

El objetivo principal de la recuperación profesional es ayudar al trabajador a recuperar, en la medida de lo posible, su capacidad laboral o, en su defecto, facilitar su adaptación a nuevas actividades profesionales que sean compatibles con su estado de salud.

Las actuaciones de recuperación profesional suelen incluir medidas de carácter médico, formativo y laboral orientadas a mejorar las condiciones de reinserción laboral del trabajador.

Entre los objetivos fundamentales de la recuperación profesional se encuentran:

- Favorecer la reincorporación al trabajo tras una incapacidad.

- Mejorar la adaptación del trabajador a nuevas funciones.

- Reducir las consecuencias laborales derivadas de accidentes o enfermedades.

- Facilitar la integración laboral de personas con limitaciones funcionales.

Estas actuaciones contribuyen a promover la igualdad de oportunidades en el acceso al empleo y a evitar la exclusión laboral de las personas que han sufrido una pérdida parcial de su capacidad de trabajo.

1.3.1 Programas de rehabilitación profesional

Los programas de rehabilitación profesional son iniciativas destinadas a ayudar a los trabajadores que han sufrido una lesión, enfermedad o accidente a recuperar sus capacidades laborales o a adquirir nuevas habilidades que les permitan desempeñar una actividad profesional.

Estos programas pueden incluir diferentes tipos de actuaciones dirigidas a mejorar la situación laboral de la persona afectada.

Entre las medidas más habituales se encuentran:

- Tratamientos de rehabilitación física o funcional.
- Programas de formación profesional adaptados.
- Orientación laboral y asesoramiento profesional.
- Adaptación de puestos de trabajo.
- Reeducación profesional para el desempeño de nuevas actividades.

La rehabilitación profesional puede desarrollarse a través de programas gestionados por organismos públicos, servicios de empleo o entidades especializadas en la integración laboral de personas con discapacidad o limitaciones funcionales.

Estas actuaciones tienen como finalidad mejorar las posibilidades de empleo de las personas afectadas y facilitar su reintegración en el mercado de trabajo.

1.3.2 Integración laboral tras situaciones de incapacidad

La integración laboral tras situaciones de incapacidad es una de las principales metas de la recuperación profesional. Cuando un trabajador ha sufrido una incapacidad temporal o permanente, es importante facilitar su reincorporación al mundo laboral en condiciones adecuadas a su situación.

En algunos casos, el trabajador puede reincorporarse a su puesto de trabajo habitual una vez recuperada su capacidad laboral. Sin embargo, en otras situaciones puede ser necesario adaptar las condiciones de trabajo o asignar nuevas funciones que se ajusten a las capacidades del trabajador.

Las medidas destinadas a facilitar la integración laboral pueden incluir:

▶ Adaptación del puesto de trabajo a las nuevas condiciones del trabajador.

▶ Reducción o modificación de la jornada laboral.

▶ Reasignación a tareas compatibles con su capacidad funcional.

▶ Programas de formación para adquirir nuevas competencias profesionales.

Además, las administraciones públicas pueden establecer programas de apoyo al empleo dirigidos a facilitar la contratación de personas con discapacidad o con limitaciones derivadas de situaciones de incapacidad.

Estas medidas contribuyen a promover la inclusión laboral y a garantizar que las personas que han sufrido problemas de salud puedan seguir participando en la actividad laboral y social.

1.4 RENTAS DE REFERENCIA PARA EL CÁLCULO DE PRESTACIONES

Las rentas de referencia son indicadores económicos utilizados por la administración pública para determinar el acceso a determinadas prestaciones, ayudas o subsidios, así como para calcular la cuantía de algunas de estas prestaciones.

Estos indicadores permiten establecer criterios objetivos que facilitan la evaluación de la situación económica de las personas y familias que solicitan determinadas ayudas. De esta forma, se puede determinar si una persona cumple los requisitos necesarios para acceder a una prestación o si se encuentra dentro de los límites de ingresos establecidos por la normativa.

En el sistema de protección social existen diferentes indicadores económicos que se utilizan como referencia en la concesión de ayudas o prestaciones. Entre los más importantes se encuentran:

- El **Indicador Público de Rentas de Efectos Múltiples (IPREM)**.
- El **Salario Mínimo Interprofesional (SMI)**.

Estos indicadores se actualizan periódicamente y se utilizan como base para calcular los límites de ingresos, las cuantías de determinadas prestaciones o el acceso a determinadas ayudas públicas.

1.4.1 Indicador Público de Rentas de Efectos Múltiples (IPREM)

El Indicador Público de Rentas de Efectos Múltiples (IPREM) es un índice económico utilizado en España como referencia para la concesión de ayudas, subvenciones y prestaciones sociales.

Este indicador fue creado con el objetivo de sustituir al salario mínimo interprofesional como referencia en la concesión de determinadas ayudas públicas, permitiendo así separar el cálculo de las prestaciones sociales de la evolución del salario mínimo.

El IPREM se utiliza para determinar aspectos como:

- El acceso a determinadas ayudas públicas.
- Los límites de ingresos para solicitar prestaciones sociales.
- La cuantía de algunas subvenciones o becas.

Este indicador se establece anualmente a través de la correspondiente normativa y puede fijarse en diferentes valores, como:

- Valor mensual.
- Valor anual.
- Valor anual con pagas extraordinarias.

El uso del IPREM permite establecer criterios homogéneos para la concesión de prestaciones y facilita la gestión de los programas de protección social.

1.4.2 Salario Mínimo Interprofesional (SMI)

El Salario Mínimo Interprofesional (SMI) es la cuantía mínima de remuneración que un trabajador debe percibir por su trabajo por cuenta ajena, con independencia del sector de actividad o del tipo de contrato.

El SMI se fija anualmente por el Gobierno mediante una disposición normativa y tiene como finalidad garantizar un nivel mínimo de ingresos para los trabajadores.

En la determinación del salario mínimo se tienen en cuenta diferentes factores, como:

- La situación económica general.
- El nivel de empleo.
- La productividad.
- La evolución de los precios.

El salario mínimo se expresa generalmente en términos de:

- Cuantía diaria.
- Cuantía mensual.
- Cuantía anual, teniendo en cuenta las pagas extraordinarias.

Además de su función como referencia salarial mínima, el SMI también se utiliza en algunos casos como indicador económico para determinar determinadas prestaciones, ayudas o límites de ingresos dentro del sistema de protección social.

De esta forma, tanto el IPREM como el SMI constituyen herramientas fundamentales para establecer los criterios económicos que regulan el acceso a diversas prestaciones y ayudas públicas.

1.5 PRESTACIONES ECONÓMICAS DEL SISTEMA DE SEGURIDAD SOCIAL

Las prestaciones económicas del sistema de Seguridad Social son ayudas monetarias destinadas a proteger a los trabajadores y a sus familias cuando se producen determinadas situaciones que afectan a su capacidad para trabajar o generan una pérdida de ingresos.

Estas prestaciones forman parte de la acción protectora de la Seguridad Social y tienen como finalidad garantizar un nivel mínimo de recursos económicos en situaciones como enfermedad, accidente, jubilación o desempleo.

Las prestaciones económicas se financian principalmente mediante las cotizaciones sociales realizadas por trabajadores y empresarios durante la vida laboral, aunque algunas prestaciones también pueden financiarse con recursos públicos.

Entre las principales prestaciones económicas del sistema de Seguridad Social se encuentran:

- Prestaciones por incapacidad temporal.
- Prestaciones por incapacidad permanente.
- Prestaciones por nacimiento y cuidado de menor.
- Prestaciones por riesgo durante el embarazo o lactancia.
- Pensiones de jubilación.
- Pensiones por fallecimiento y supervivencia.

Estas prestaciones permiten compensar la pérdida de ingresos que puede producirse cuando el trabajador no puede desarrollar su actividad laboral.

1.5.1 Incapacidad temporal

La incapacidad temporal es una prestación económica que se concede a los trabajadores cuando se encuentran temporalmente incapacitados para trabajar debido a una enfermedad o a un accidente.

Durante el periodo de incapacidad temporal, el trabajador no puede desempeñar su actividad laboral, por lo que el sistema de Seguridad Social le proporciona una prestación económica destinada a compensar la pérdida de ingresos.

La incapacidad temporal puede derivarse de diferentes situaciones:

- Enfermedad común.
- Accidente no laboral.
- Accidente de trabajo.
- Enfermedad profesional.

Para que el trabajador pueda acceder a esta prestación es necesario que exista un parte médico de baja que acredite la incapacidad para trabajar.

Durante el proceso de incapacidad temporal, el trabajador debe someterse a revisiones médicas periódicas que permiten evaluar la evolución de su estado de salud.

Cuando el trabajador recupera su capacidad laboral, el médico emite el parte de alta médica, lo que permite su reincorporación al puesto de trabajo.

La prestación económica por incapacidad temporal se calcula generalmente a partir de la base reguladora del trabajador y puede variar en función del origen de la incapacidad.

1.5.2 Riesgo durante el embarazo y lactancia natural

La prestación por riesgo durante el embarazo o durante la lactancia natural tiene como finalidad proteger la salud de la trabajadora y del menor cuando las condiciones del puesto de trabajo pueden suponer un riesgo para ambos.

Esta prestación se concede cuando la trabajadora embarazada o en periodo de lactancia no puede continuar desempeñando su actividad laboral debido a la existencia de riesgos relacionados con el puesto de trabajo.

Antes de conceder la prestación, la empresa debe intentar adoptar medidas para eliminar el riesgo, como:

- ◤ Adaptar las condiciones del puesto de trabajo.
- ◤ Modificar la jornada laboral.
- ◤ Asignar a la trabajadora un puesto compatible con su situación.

Cuando estas medidas no son posibles, el contrato de trabajo puede suspenderse y la trabajadora pasa a percibir una prestación económica de la Seguridad Social durante el tiempo que dure la situación de riesgo.

Esta prestación tiene como objetivo compensar la pérdida de ingresos durante el periodo en que la trabajadora no puede desarrollar su actividad laboral debido a la existencia de riesgos para su salud o la del menor.

La protección por riesgo durante el embarazo o lactancia forma parte de las medidas destinadas a garantizar la seguridad y salud de las trabajadoras y a favorecer la conciliación entre la vida laboral y familiar.

1.5.3 Prestación por maternidad

La prestación por maternidad es una prestación económica destinada a proteger a la trabajadora durante el periodo de descanso laboral asociado al nacimiento de un hijo, adopción o acogimiento. Su finalidad es compensar la pérdida de ingresos que se produce cuando la trabajadora suspende temporalmente su actividad laboral para atender al cuidado del menor.

En la normativa actual del sistema de Seguridad Social, esta prestación forma parte de la denominada prestación por nacimiento y cuidado de menor, que integra tanto la antigua prestación por maternidad como la prestación por paternidad.

Durante el periodo de suspensión del contrato de trabajo, la persona beneficiaria tiene derecho a percibir una prestación económica que se calcula generalmente a partir de la **base reguladora** correspondiente.

Esta prestación se concede en situaciones como:

- Nacimiento de un hijo.
- Adopción de un menor.
- Acogimiento familiar.

El objetivo de esta prestación es facilitar la atención al menor durante los primeros meses de vida o durante el periodo inicial de integración familiar en caso de adopción o acogimiento.

1.5.4 Prestación por paternidad

La prestación por paternidad es una prestación económica destinada a proteger al trabajador durante el periodo en el que suspende su actividad laboral para atender al cuidado de su hijo tras el nacimiento, adopción o acogimiento.

Al igual que ocurre con la prestación por maternidad, actualmente esta prestación se encuentra integrada dentro de la prestación por nacimiento y cuidado de menor, lo que permite que ambos progenitores puedan disfrutar de un periodo de suspensión del contrato de trabajo para dedicarse al cuidado del menor.

Durante este periodo:

- El contrato de trabajo queda suspendido.
- El trabajador tiene derecho a percibir una prestación económica.
- Se mantiene el vínculo laboral con la empresa.

La finalidad de esta prestación es favorecer la conciliación entre la vida laboral y familiar y promover una distribución equilibrada de las responsabilidades familiares entre ambos progenitores.

1.5.5 Incapacidad permanente

La incapacidad permanente es una prestación económica que se concede a los trabajadores cuando, como consecuencia de una enfermedad o accidente, sufren una reducción o pérdida definitiva de su capacidad para trabajar.

Esta prestación tiene como objetivo compensar la pérdida de ingresos derivada de la imposibilidad de continuar desarrollando la actividad laboral en condiciones normales.

La incapacidad permanente puede clasificarse en diferentes grados en función del nivel de limitación que presenta el trabajador:

Incapacidad permanente parcial

Se produce cuando el trabajador sufre una disminución en su capacidad laboral, pero puede continuar realizando su actividad habitual con ciertas limitaciones.

Incapacidad permanente total

Se reconoce cuando el trabajador no puede desempeñar su profesión habitual, aunque puede dedicarse a otras actividades laborales diferentes.

Incapacidad permanente absoluta

Se concede cuando el trabajador se encuentra incapacitado para realizar cualquier tipo de trabajo.

Gran invalidez

Se produce cuando, además de la incapacidad permanente absoluta, el trabajador necesita la asistencia de otra persona para realizar las actividades básicas de la vida diaria.

La cuantía de la prestación por incapacidad permanente se calcula generalmente en función de la base reguladora del trabajador y del grado de incapacidad reconocido.

Esta prestación constituye un mecanismo fundamental de protección social para las personas que han perdido total o parcialmente su capacidad laboral debido a problemas de salud.

1.5.6 Lesiones permanentes no invalidantes

Las lesiones permanentes no invalidantes son aquellas lesiones, mutilaciones o deformidades que sufre el trabajador como consecuencia de un accidente de trabajo o de una enfermedad profesional y que, aunque son definitivas, no llegan a producir una incapacidad permanente que impida continuar trabajando.

El trabajador puede seguir desempeñando su actividad laboral, pero presenta secuelas físicas que justifican el reconocimiento de una compensación económica.

Estas lesiones deben estar recogidas en un baremo oficial establecido por la normativa de la Seguridad Social, que determina las indemnizaciones correspondientes en función del tipo de lesión sufrida.

Entre las características principales de estas lesiones se encuentran:

- Son lesiones de carácter permanente.

- Derivan de un accidente de trabajo o de una enfermedad profesional.

- No reducen de forma significativa la capacidad laboral del trabajador.

- Dan derecho a una indemnización económica.

La indemnización por lesiones permanentes no invalidantes se abona generalmente en **un pago único**, cuya cuantía depende de la naturaleza y gravedad de la lesión.

El reconocimiento de estas prestaciones corresponde a los organismos competentes de la Seguridad Social, tras la evaluación médica de las secuelas sufridas por el trabajador.

1.6 PRESTACIONES POR JUBILACIÓN

Las prestaciones por jubilación y pensiones forman parte de las prestaciones económicas del sistema de Seguridad Social y tienen como finalidad garantizar un ingreso económico a las personas que han finalizado su vida laboral o que se encuentran en determinadas situaciones protegidas.

Estas prestaciones permiten sustituir o complementar los ingresos que el trabajador percibía durante su vida laboral, asegurando así una fuente de recursos económicos durante determinadas etapas de la vida.

Entre las principales prestaciones incluidas en este grupo se encuentran:

- **Pensión de jubilación**, que se concede cuando el trabajador alcanza la edad establecida por la normativa y cumple los requisitos de cotización exigidos.

- **Pensiones por incapacidad permanente**, destinadas a las personas que han perdido total o parcialmente su capacidad para trabajar.

Las pensiones constituyen una de las principales herramientas del sistema de protección social, ya que permiten garantizar un nivel mínimo de ingresos a las personas que han dejado de trabajar o que se encuentran en situaciones de especial vulnerabilidad.

La cuantía de estas prestaciones se determina generalmente teniendo en cuenta factores como:

- La base reguladora del trabajador.
- El tiempo de cotización a la Seguridad Social.
- Las circunstancias personales o familiares del beneficiario.

El sistema de pensiones constituye uno de los pilares fundamentales del Estado de bienestar, ya que proporciona estabilidad económica y seguridad social a millones de personas una vez finalizada su vida laboral o en situaciones de necesidad.

1.6.1 Jubilación en el sistema de Seguridad Social

La jubilación es una prestación económica del sistema de Seguridad Social que se concede a los trabajadores cuando alcanzan la edad establecida por la normativa y cumplen los requisitos de cotización exigidos. Su finalidad es garantizar un ingreso económico a las personas que cesan en su actividad laboral al final de su vida profesional.

La pensión de jubilación permite sustituir los ingresos que el trabajador obtenía durante su vida laboral, proporcionando una fuente de recursos económicos durante la etapa de retiro.

Para acceder a la pensión de jubilación es necesario cumplir determinados requisitos, entre los que destacan:

▼ Haber alcanzado la edad legal de jubilación, que puede variar según la normativa vigente y los años cotizados.

▼ Acreditar un periodo mínimo de cotización al sistema de Seguridad Social.

▼ Estar en situación de alta o asimilada al alta en la Seguridad Social en el momento de solicitar la prestación.

La cuantía de la pensión de jubilación se calcula teniendo en cuenta diversos factores, como:

▼ Las bases de cotización del trabajador durante su vida laboral.

▼ El número de años cotizados.

▼ La base reguladora obtenida a partir de las cotizaciones.

Además de la jubilación ordinaria, la normativa contempla otras modalidades de jubilación, como:

▼ Jubilación anticipada, cuando el trabajador se retira antes de la edad ordinaria establecida.

▼ Jubilación parcial, que permite compatibilizar el trabajo con el cobro de una parte de la pensión.

▼ Jubilación flexible, que permite volver a trabajar parcialmente después de haber accedido a la jubilación.

La pensión de jubilación constituye una de las prestaciones más importantes del sistema de Seguridad Social, ya que garantiza la protección económica de las personas durante la etapa posterior a su vida laboral.

1.6.2 Pensiones del Seguro Obligatorio de Vejez e Invalidez (SOVI)

El Seguro Obligatorio de Vejez e Invalidez (SOVI) fue un sistema de protección social existente en España antes de la creación del actual sistema de Seguridad Social.

Este seguro se estableció con el objetivo de proporcionar prestaciones económicas a los trabajadores en situaciones de vejez, invalidez o fallecimiento, cuando no existía todavía un sistema general de protección social como el actual.

Con la implantación del sistema moderno de Seguridad Social, el SOVI dejó de aplicarse para nuevas afiliaciones, pero todavía existen personas que perciben pensiones derivadas de este sistema, siempre que cumplan los requisitos establecidos por la normativa.

Las prestaciones del SOVI incluyen:

- **Pensión de vejez**, destinada a trabajadores que alcanzaban una determinada edad.

- **Pensión de invalidez**, concedida a trabajadores que no podían continuar trabajando por motivos de salud.

- **Pensión de viudedad**, destinada al cónyuge del trabajador fallecido.

Las pensiones del SOVI presentan algunas características específicas:

- Tienen una cuantía fija establecida por la normativa.

- Solo pueden percibirse si el beneficiario no tiene derecho a otras pensiones contributivas de la Seguridad Social.

- Están dirigidas principalmente a personas que cotizaron antes de la implantación del sistema actual.

Aunque actualmente su importancia es menor debido a la evolución del sistema de Seguridad Social, las pensiones del SOVI siguen formando parte del sistema de protección social para determinados beneficiarios que cumplen los requisitos establecidos.

1.7 PRESTACIONES POR MUERTE Y SUPERVIVENCIA

Las prestaciones por muerte y supervivencia forman parte de la acción protectora del sistema de Seguridad Social y tienen como finalidad proteger económicamente a los familiares de un trabajador cuando este fallece.

Estas prestaciones están destinadas a compensar la pérdida de ingresos que puede producirse en una unidad familiar cuando desaparece la persona que contribuía al sostenimiento económico del hogar. De esta manera, el sistema de Seguridad Social garantiza una protección económica para las personas que dependían del trabajador fallecido.

Las prestaciones por muerte y supervivencia pueden concederse tanto cuando el fallecimiento se produce por contingencias comunes (como enfermedad común o accidente no laboral) como cuando se debe a contingencias profesionales (accidente de trabajo o enfermedad profesional).

Dentro de este grupo de prestaciones se incluyen diferentes tipos de ayudas económicas dirigidas a los familiares del trabajador fallecido. Entre las más importantes se encuentran:

- Pensión de viudedad.
- Pensión de orfandad.
- Prestaciones en favor de familiares.

Estas prestaciones pueden consistir en pensiones periódicas o en determinadas ayudas económicas destinadas a cubrir las necesidades básicas de los beneficiarios.

El reconocimiento de estas prestaciones corresponde a los organismos competentes de la Seguridad Social, que evalúan si se cumplen los requisitos establecidos por la normativa.

1.7.1 Pensiones de viudedad

La pensión de viudedad es una prestación económica que se concede al cónyuge o pareja del trabajador fallecido con el objetivo de compensar la pérdida de ingresos que se produce tras su fallecimiento.

Esta prestación tiene carácter periódico y se percibe generalmente de forma mensual. Su finalidad es garantizar un nivel mínimo de ingresos para la persona que convivía con el trabajador fallecido y que dependía económicamente de él.

Para poder acceder a la pensión de viudedad es necesario que se cumplan determinados requisitos establecidos por la normativa de la Seguridad Social.

Entre los posibles beneficiarios de esta pensión se encuentran:

- El cónyuge superviviente del trabajador fallecido.
- La persona que mantenía una pareja de hecho con el trabajador, siempre que se cumplan los requisitos establecidos por la legislación.

Además, el trabajador fallecido debe haber cumplido determinadas condiciones relacionadas con su afiliación y cotización a la Seguridad Social, salvo en determinados casos como los fallecimientos derivados de accidente de trabajo o enfermedad profesional.

La cuantía de la pensión de viudedad se calcula a partir de la base reguladora del trabajador fallecido, aplicando el porcentaje establecido por la normativa vigente.

Esta prestación constituye una de las principales medidas de protección económica para las personas que pierden a su pareja y contribuye a garantizar su estabilidad económica tras el fallecimiento del trabajador.

1.7.2 Pensiones de orfandad

La pensión de orfandad es una prestación económica de la Seguridad Social destinada a proteger a los hijos de un trabajador fallecido. Su objetivo principal es garantizar un apoyo económico a los menores o jóvenes que dependían del trabajador, compensando la pérdida de ingresos que se produce tras su fallecimiento.

Esta prestación se concede tanto cuando el fallecimiento se produce por contingencias comunes, como enfermedad común o accidente no laboral, como cuando deriva de contingencias profesionales, como accidente de trabajo o enfermedad profesional.

Los beneficiarios de la pensión de orfandad suelen ser:

 Los hijos del trabajador fallecido.

 Los hijos adoptivos.

 En determinados casos, los menores acogidos legalmente.

Para tener derecho a esta pensión deben cumplirse determinados requisitos relacionados con la edad del beneficiario, la dependencia económica respecto al trabajador fallecido y las condiciones de cotización de este.

Con carácter general, la pensión de orfandad se percibe hasta que el beneficiario alcanza una determinada edad. Sin embargo, la normativa contempla diversas situaciones en las que puede prolongarse su percepción, como cuando el beneficiario continúa realizando estudios o cuando presenta una discapacidad.

La cuantía de la pensión de orfandad se calcula a partir de la base reguladora del trabajador fallecido, aplicando el porcentaje establecido por la legislación vigente.

Esta prestación constituye una medida fundamental de protección social para los hijos del trabajador fallecido, ya que contribuye a garantizar su bienestar económico y facilitar su desarrollo personal y educativo.

1.7.3 Prestaciones en favor de familiares

Las prestaciones en favor de familiares son prestaciones económicas destinadas a determinados familiares del trabajador fallecido que dependían económicamente de él y que no tienen derecho a percibir otras pensiones derivadas del fallecimiento.

Estas prestaciones tienen como finalidad proporcionar un apoyo económico a familiares que convivían con el trabajador fallecido y que, tras su muerte, pueden quedar en una situación de necesidad.

Entre los posibles beneficiarios de estas prestaciones pueden encontrarse:

- Ascendientes del trabajador fallecido, como padres o abuelos.
- Hermanos o hermanas del trabajador.
- Otros familiares que acrediten convivencia y dependencia económica.

Para poder acceder a estas prestaciones es necesario cumplir determinados requisitos, entre los que se incluyen:

- Haber convivido con el trabajador fallecido durante un periodo determinado.
- Depender económicamente de él.
- No tener derecho a otras pensiones derivadas del fallecimiento.

La cuantía de estas prestaciones se calcula también a partir de la base reguladora del trabajador fallecido, aplicando los porcentajes establecidos por la normativa.

Estas prestaciones completan el sistema de protección social previsto para los casos de fallecimiento de un trabajador, garantizando que otros familiares que dependían de sus ingresos puedan recibir un apoyo económico que contribuya a su subsistencia.

1.8 OTRAS PRESTACIONES DEL SISTEMA

Además de las prestaciones económicas principales del sistema de Seguridad Social, existen otras prestaciones complementarias destinadas a cubrir determinadas situaciones específicas relacionadas con la actividad laboral o con circunstancias particulares de los trabajadores y sus familias.

Estas prestaciones tienen como objetivo ampliar la protección social ofrecida por el sistema, garantizando que los trabajadores puedan recibir apoyo económico o compensaciones cuando se producen determinadas contingencias que no quedan plenamente cubiertas por otras prestaciones.

Dentro de este grupo se incluyen diferentes ayudas o indemnizaciones que pueden concederse en situaciones relacionadas con:

► Accidentes de trabajo.

► Enfermedades profesionales.

► Daños o secuelas derivados de la actividad laboral.

► Circunstancias especiales derivadas de contingencias profesionales.

Estas prestaciones complementarias contribuyen a reforzar la protección del trabajador frente a los riesgos derivados del trabajo y forman parte del conjunto de medidas de protección social previstas por la normativa de Seguridad Social.

1.8.1 Indemnización especial por accidente de trabajo o enfermedad profesional

La indemnización especial por accidente de trabajo o enfermedad profesional es una compensación económica que puede concederse cuando un trabajador sufre daños como consecuencia directa de su actividad laboral.

Los accidentes de trabajo son aquellos que se producen durante la realización de la actividad laboral o con ocasión de esta. Por su parte, las enfermedades profesionales son aquellas patologías que se originan como consecuencia de la exposición a determinados riesgos presentes en el entorno laboral.

Cuando se produce una contingencia de este tipo, el trabajador puede tener derecho a diferentes prestaciones económicas del sistema de Seguridad Social, como la incapacidad temporal o la incapacidad permanente. Sin embargo, en determinadas situaciones también puede reconocerse una indemnización específica destinada a compensar los daños sufridos.

Esta indemnización puede concederse cuando:

▶ El accidente o enfermedad profesional produce lesiones o secuelas permanentes.

▶ Existen daños derivados de la actividad laboral que justifican una compensación económica.

▶ Se cumplen los requisitos establecidos por la normativa de Seguridad Social.

La cuantía de la indemnización se determina generalmente en función de factores como:

▶ La gravedad de las lesiones sufridas.

▶ Las secuelas derivadas del accidente o enfermedad.

▶ Las circunstancias del trabajador afectado.

Este tipo de indemnización tiene como finalidad compensar los perjuicios ocasionados por la contingencia profesional y contribuir a garantizar la protección económica del trabajador afectado.

1.8.2 Prestaciones familiares

Las prestaciones familiares son ayudas económicas destinadas a apoyar a las familias que tienen a su cargo hijos u otros menores dependientes. Estas prestaciones forman parte de la acción protectora del sistema de Seguridad Social y tienen como objetivo contribuir al bienestar económico de las familias.

La finalidad de estas ayudas es compensar parcialmente los gastos que supone el cuidado y mantenimiento de los hijos o de otros menores dependientes, especialmente en situaciones de vulnerabilidad económica.

Entre las prestaciones familiares más habituales se encuentran:

▶ Prestaciones por nacimiento o adopción de hijo.

▶ Prestaciones por cuidado de menores.

▶ Prestaciones por hijo o menor a cargo.

Estas ayudas pueden concederse en función de diversos factores, como:

▼ La situación económica de la familia.

▼ El número de hijos o menores a cargo.

▼ La existencia de discapacidad en alguno de los miembros de la familia.

Las prestaciones familiares contribuyen a mejorar la protección social de las familias y a favorecer la conciliación entre la vida laboral y familiar.

1.8.3 Prestaciones por actos terroristas

Las prestaciones por actos terroristas son ayudas económicas destinadas a proteger a las personas que han sufrido daños como consecuencia de actos terroristas.

Estas prestaciones pueden concederse tanto a las víctimas directas como a sus familiares cuando el acto terrorista produce lesiones graves o el fallecimiento de la persona afectada.

Entre las prestaciones que pueden concederse en estos casos se encuentran:

▼ Indemnizaciones por daños personales.

▼ Pensiones para los familiares de las víctimas fallecidas.

▼ Ayudas destinadas a cubrir gastos derivados del atentado.

Las prestaciones por actos terroristas forman parte de las medidas de protección social establecidas por el Estado para garantizar la atención y reparación a las víctimas.

1.8.4 Seguro escolar

El seguro escolar es un sistema de protección social destinado a los estudiantes que cursan determinados niveles educativos y que tiene como finalidad protegerlos frente a determinadas situaciones que pueden producirse durante su etapa formativa.

Este seguro ofrece cobertura a los estudiantes en situaciones como:

▼ Accidentes ocurridos durante la actividad escolar.

▶ Enfermedad.

▶ Situaciones que puedan afectar al desarrollo normal de los estudios.

El seguro escolar se aplica generalmente a estudiantes que cursan estudios en centros educativos oficiales dentro de determinados niveles formativos.

Entre las prestaciones que puede ofrecer el seguro escolar se encuentran:

▶ Asistencia médica en caso de accidente o enfermedad.

▶ Prestaciones económicas en determinadas situaciones.

▶ Ayudas destinadas a facilitar la continuidad de los estudios.

El seguro escolar garantiza que los estudiantes dispongan de protección social durante su etapa educativa y que puedan continuar su formación en condiciones adecuadas en caso de que se produzcan situaciones que afecten a su salud o a su capacidad para seguir estudiando.

1.8.5 Prestaciones por desempleo

Las prestaciones por desempleo son ayudas económicas destinadas a proteger a los trabajadores que pierden su empleo de forma involuntaria y que se encuentran en situación de desempleo. Estas prestaciones forman parte del sistema de protección social y tienen como objetivo garantizar un apoyo económico mientras la persona desempleada busca un nuevo empleo.

El sistema de protección por desempleo se articula a través de dos tipos principales de prestaciones:

▶ Prestación contributiva por desempleo, conocida comúnmente como "paro".

▶ Subsidios por desempleo, destinados a personas que no tienen derecho a la prestación contributiva o que ya la han agotado.

Prestación contributiva por desempleo

La prestación contributiva por desempleo se concede a los trabajadores que han cotizado por desempleo durante un periodo mínimo establecido por la normativa.

Para acceder a esta prestación es necesario cumplir determinados requisitos, entre los que destacan:

- Estar afiliado y en situación de alta o asimilada al alta en la Seguridad Social.
- Haber cotizado por desempleo durante un periodo mínimo.
- Encontrarse en situación legal de desempleo.
- Estar inscrito como demandante de empleo.
- No haber alcanzado la edad ordinaria de jubilación.

La cuantía de la prestación contributiva se calcula a partir de la base reguladora del trabajador, que se obtiene de las bases de cotización de los últimos periodos trabajados.

La duración de la prestación depende del tiempo que el trabajador haya cotizado por desempleo.

Subsidios por desempleo

Los subsidios por desempleo son ayudas económicas destinadas a personas que no pueden acceder a la prestación contributiva o que ya la han agotado.

Estos subsidios suelen concederse en situaciones como:

- Personas con responsabilidades familiares.
- Personas mayores de determinada edad.
- Trabajadores que han agotado la prestación contributiva.

La cuantía de los subsidios suele ser inferior a la prestación contributiva y se fija en función de determinados indicadores económicos establecidos por la normativa.

1.8.6 Otras prestaciones del sistema de protección social

Además de las prestaciones mencionadas anteriormente, el sistema de protección social contempla otras ayudas y prestaciones complementarias destinadas a atender diversas situaciones de necesidad que pueden afectar a los ciudadanos.

Estas prestaciones tienen como finalidad ampliar la cobertura del sistema de protección social y garantizar que las personas puedan recibir apoyo económico o asistencia cuando se encuentren en situaciones de vulnerabilidad.

Entre estas prestaciones pueden encontrarse:

▼ Ayudas destinadas a colectivos en situación de vulnerabilidad social.

▼ Prestaciones relacionadas con situaciones de dependencia.

▼ Programas de apoyo a personas con discapacidad.

▼ Ayudas sociales gestionadas por diferentes administraciones públicas.

En muchos casos, estas prestaciones se desarrollan a través de programas específicos gestionados por organismos públicos, comunidades autónomas o entidades locales.

El conjunto de estas ayudas forma parte del sistema de protección social y contribuye a garantizar el bienestar de la población, ofreciendo apoyo económico y social a las personas que se encuentran en situaciones de dificultad.

1.9 CUESTIONARIO

1. **¿Qué es la acción protectora de la Seguridad Social?**
    a) Un sistema de control empresarial.
    b) Un conjunto de prestaciones y servicios para proteger a los ciudadanos.
    c) Un sistema de impuestos.
    d) Un registro administrativo.

2. **¿Cuál es la finalidad principal del sistema de Seguridad Social?**
   a) Aumentar la productividad empresarial.
   b) Garantizar un nivel mínimo de protección económica y social.
   c) Controlar el empleo.
   d) Reducir impuestos.

3. **¿Qué tipo de prestación es la asistencia sanitaria?**
   a) Económica.
   b) Fiscal.
   c) Sanitaria.
   d) Administrativa.

4. **¿Qué caracteriza a las prestaciones contributivas?**
   a) No requieren cotización previa.
   b) Se financian solo con impuestos.
   c) Exigen haber cotizado previamente al sistema.
   d) Son exclusivamente sanitarias.

5. **¿Cuál de las siguientes es una prestación no contributiva?**
   a) Prestación por desempleo contributivo.
   b) Pensión no contributiva de jubilación.
   c) Incapacidad temporal.
   d) Pensión de viudedad contributiva.

6. **¿Qué cubre la asistencia sanitaria?**
   a) Solo medicamentos.
   b) Solo hospitalización.
   c) Atención médica, tratamientos y prevención.
   d) Solo urgencias.

7. **¿Qué es la incapacidad temporal?**
   a) Una pensión permanente.
   b) Una ayuda para desempleados.
   c) Una prestación cuando el trabajador no puede trabajar temporalmente.
   d) Un subsidio familiar.

8. ¿Qué indicador se utiliza como referencia para ayudas sociales en España?

a) PIB.

b) IPC.

c) IPREM.

d) IVA.

9. ¿Cuál es la finalidad de la pensión de jubilación?

a) Cubrir gastos médicos.

b) Sustituir los ingresos tras finalizar la vida laboral.

c) Financiar empresas.

d) Pagar impuestos.

10. ¿Qué prestación protege a los familiares tras el fallecimiento de un trabajador?

a) Prestación por desempleo.

b) Pensión de viudedad.

c) Incapacidad temporal.

d) Subsidio agrario.

Respuestas

1. b	6. c
2. b	7. c
3. c	8. c
4. c	9. b
5. b	10. b

Retribuciones salariales, cotización y recaudación

2

Retribución salarial

La retribución salarial es la compensación económica que recibe el trabajador como contraprestación por la prestación de sus servicios dentro de una relación laboral. Constituye uno de los elementos esenciales del contrato de trabajo y representa la obligación principal del empresario frente al trabajador: pagar una remuneración por el trabajo realizado.

Desde el punto de vista jurídico, el salario se define como la totalidad de las percepciones económicas que recibe el trabajador por la prestación profesional de sus servicios, ya sea en dinero o en especie, siempre que dichas percepciones retribuyan el trabajo efectivo o los periodos de descanso que se consideren tiempo de trabajo, como las vacaciones o los descansos semanales.

La regulación del salario se encuentra principalmente en la legislación laboral, especialmente en el Estatuto de los Trabajadores, así como en los convenios colectivos que se aplican en cada sector o empresa. Estos convenios establecen las condiciones económicas mínimas que deben respetarse, tales como el salario base, los complementos salariales, las pagas extraordinarias o determinadas condiciones de trabajo que influyen en la remuneración.

El salario puede abonarse de diferentes formas, aunque la modalidad más común es el pago en dinero, normalmente mediante transferencia bancaria a la cuenta del trabajador. No obstante, la normativa laboral también permite que una parte de la retribución se perciba en especie, es decir, mediante bienes o servicios que el trabajador recibe como parte de su salario.

Entre los ejemplos más habituales de salario en especie se encuentran:

▶ El uso de una vivienda proporcionada por la empresa.

▶ La utilización de un vehículo de empresa para fines personales.

▶ El acceso a determinados beneficios sociales, como seguros médicos o planes de formación.

Sin embargo, la legislación establece límites para este tipo de retribuciones con el fin de garantizar que la mayor parte del salario se perciba en dinero.

La retribución del trabajador puede estar compuesta por diversos elementos o conceptos salariales, que se combinan para formar el salario total percibido. Entre los principales componentes del salario se encuentran:

▶ Salario base, que es la remuneración principal establecida en función del tiempo de trabajo o de la cantidad de trabajo realizado.

▶ Complementos salariales, que se añaden al salario base en función de determinadas circunstancias relacionadas con el trabajador, el puesto de trabajo o los resultados de la empresa.

▶ Pagas extraordinarias, que suelen abonarse en determinados momentos del año, como en verano o en Navidad.

▶ Horas extraordinarias, cuando el trabajador realiza horas de trabajo adicionales a la jornada ordinaria.

El salario cumple una función esencial en la relación laboral, ya que constituye el principal medio de subsistencia del trabajador y de su familia. Además, representa un elemento fundamental para garantizar la estabilidad económica del trabajador y para fomentar unas condiciones laborales justas y equilibradas dentro del mercado de trabajo.

2.1 ESTRUCTURA DEL RECIBO DE SALARIOS

El recibo de salarios, comúnmente conocido como nómina, es el documento mediante el cual la empresa justifica el pago del salario al trabajador. Este documento refleja de manera detallada los diferentes conceptos que integran la retribución del trabajador durante un determinado periodo de tiempo, normalmente mensual.

La nómina cumple una doble función. Por un lado, permite al trabajador conocer con claridad cómo se compone su salario, qué conceptos se incluyen en su remuneración y qué deducciones se aplican sobre el importe total devengado. Por otro lado, sirve como documento justificativo del pago del salario y como instrumento de control administrativo y fiscal.

La normativa laboral establece que el empresario está obligado a entregar al trabajador un recibo individual y justificativo del pago del salario, en el que deben aparecer claramente reflejados todos los conceptos salariales y las deducciones correspondientes.

Aunque el formato de la nómina puede variar ligeramente según la empresa o el programa de gestión utilizado, su estructura suele organizarse en varias partes principales.

2.1.1 Cabecera del recibo de salarios

La cabecera del recibo de salarios constituye la parte inicial de la nómina y tiene como finalidad identificar correctamente tanto a la empresa como al trabajador, así como el periodo al que corresponde la liquidación del salario. Esta sección contiene los datos básicos que permiten reconocer el documento y situarlo dentro de la relación laboral existente entre ambas partes.

La inclusión de esta información es obligatoria, ya que la normativa laboral establece que el recibo de salarios debe recoger una serie de datos identificativos esenciales que garanticen la transparencia en el pago del salario y faciliten las tareas de control administrativo, fiscal y laboral por parte de los organismos competentes.

Además, la cabecera del recibo de salarios permite que el trabajador pueda comprobar fácilmente que los datos incluidos en la nómina corresponden realmente a su situación laboral, evitando posibles errores o confusiones en el cálculo y abono de su remuneración.

Entre los datos que habitualmente aparecen en la cabecera del recibo de salarios se encuentran los siguientes:

▼ Datos identificativos de la empresa, como el nombre o razón social, el domicilio social y el número de identificación fiscal (NIF).

▼ Código de cuenta de cotización de la empresa en la Seguridad Social, que identifica a la empresa ante la Tesorería General de la Seguridad Social.

▼ Datos identificativos del trabajador, como nombre y apellidos, número de afiliación a la Seguridad Social, número de documento de identidad o equivalente.

▼ Categoría o grupo profesionales, que permite identificar el puesto o nivel profesional del trabajador dentro de la organización.

▼ Antigüedad del trabajador en la empresa, que puede ser relevante para el cálculo de determinados complementos salariales o derechos laborales.

▼ Periodo de liquidación del salario, es decir, el intervalo de tiempo al que corresponde el pago reflejado en la nómina, normalmente un mes natural.

En algunos casos también pueden aparecer otros datos complementarios, como el tipo de contrato, el grupo de cotización a la Seguridad Social o el centro de trabajo al que pertenece el trabajador.

En definitiva, la cabecera del recibo de salarios cumple una función esencial dentro de la estructura de la nómina, ya que permite identificar correctamente el documento, garantizar su validez administrativa y ofrecer al trabajador una referencia clara sobre la información que contiene.

2.1.2 Cuerpo del recibo

El cuerpo del recibo de salarios es la parte central de la nómina y constituye el apartado en el que se reflejan de forma detallada los conceptos económicos que integran la retribución del trabajador durante el periodo de liquidación.

En esta sección se registran todas las cantidades que el trabajador ha generado como consecuencia de su actividad laboral durante el periodo correspondiente, diferenciando entre las distintas percepciones que forman parte de su remuneración.

Dentro del cuerpo del recibo de salarios se suelen distinguir dos grandes grupos de conceptos económicos: las percepciones salariales y las percepciones no salariales.

Percepciones salariales

Las percepciones salariales son las cantidades que el trabajador recibe como retribución directa por el trabajo realizado. Estas percepciones forman parte del salario propiamente dicho y están vinculadas al desempeño de la actividad laboral.

Entre las percepciones salariales más habituales se encuentran:

▸ Salario base, que constituye la remuneración principal del trabajador y suele fijarse en el convenio colectivo o en el contrato de trabajo.

▸ Complementos salariales, que se añaden al salario base en función de determinadas circunstancias personales del trabajador, de las características del puesto de trabajo o de los resultados de la empresa.

▸ Pagas extraordinarias, que pueden abonarse en momentos concretos del año o prorratearse a lo largo de los doce meses.

▸ Horas extraordinarias, cuando el trabajador realiza horas de trabajo adicionales a la jornada ordinaria.

▸ Incentivos o primas por productividad, vinculados al rendimiento del trabajador o al cumplimiento de determinados objetivos.

Todas estas cantidades forman parte del salario bruto y están sujetas a las correspondientes cotizaciones a la Seguridad Social y a las retenciones fiscales.

Percepciones no salariales

Las percepciones no salariales son cantidades que el trabajador recibe en relación con su actividad laboral, pero que no constituyen una remuneración directa por el trabajo realizado. Su finalidad suele ser compensar determinados gastos o situaciones derivadas de la actividad profesional.

Entre las percepciones no salariales más comunes se encuentran:

- ▼ Indemnizaciones o suplidos por gastos realizados por el trabajador, como los gastos derivados de desplazamientos por motivos laborales.

- ▼ Dietas por manutención o alojamiento, cuando el trabajador debe desplazarse fuera de su lugar habitual de trabajo.

- ▼ Compensaciones por gastos de transporte, cuando el trabajador utiliza medios propios para acudir al centro de trabajo.

- ▼ Otras compensaciones relacionadas con la actividad laboral, como determinados gastos derivados de la utilización de herramientas o equipos propios.

Estas percepciones, aunque aparecen reflejadas en la nómina, tienen un tratamiento diferente en materia de cotización y fiscalidad, ya que en muchos casos no se consideran salario en sentido estricto.

El conjunto de todas las cantidades reflejadas en el cuerpo del recibo constituye el total devengado, es decir, la suma total de percepciones generadas por el trabajador durante el periodo de liquidación antes de aplicar las deducciones correspondientes.

Este apartado es fundamental para comprender cómo se forma el salario del trabajador y cuáles son los distintos conceptos que integran su retribución.

2.1.3 Información de deducciones

La sección de deducciones del recibo de salarios es el apartado en el que se reflejan todas las cantidades que deben descontarse del total devengado para calcular el importe final que percibe el trabajador. Estas deducciones representan las obligaciones legales que recaen sobre el salario del trabajador en materia de cotización a la Seguridad Social y de tributación fiscal.

El salario que aparece inicialmente en la nómina corresponde al salario bruto o total devengado, es decir, la suma de todas las percepciones salariales y no salariales generadas por el trabajador durante el periodo de liquidación. Sin embargo, el trabajador no recibe íntegramente esta cantidad, ya que sobre ella deben aplicarse determinadas deducciones obligatorias establecidas por la normativa vigente.

Las deducciones que aparecen en el recibo de salarios corresponden principalmente a dos tipos de obligaciones:

- ◤ Las cotizaciones a la Seguridad Social a cargo del trabajador.
- ◤ Las retenciones fiscales destinadas al pago del Impuesto sobre la Renta de las Personas Físicas (IRPF).

Las cotizaciones a la Seguridad Social tienen como finalidad financiar el sistema público de protección social, que incluye prestaciones como la asistencia sanitaria, las prestaciones por incapacidad temporal, las pensiones de jubilación o las prestaciones por desempleo.

Entre las deducciones más habituales que aparecen en la nómina se encuentran las siguientes:

- ◤ Cotización por contingencias comunes, destinada a financiar prestaciones relacionadas con situaciones como enfermedad común, accidente no laboral, jubilación o maternidad.

- ◤ Cotización por desempleo, que contribuye a financiar las prestaciones económicas destinadas a los trabajadores que pierden su empleo.

- ◤ Cotización para formación profesional, que se utiliza para financiar programas de formación destinados a mejorar la cualificación profesional de los trabajadores.

- ◤ Cotización por horas extraordinarias, cuando el trabajador ha realizado horas de trabajo adicionales a la jornada ordinaria y estas deben cotizar a la Seguridad Social.

▼ Retención a cuenta del Impuesto sobre la Renta de las Personas Físicas (IRPF), que constituye un adelanto del impuesto que el trabajador deberá liquidar posteriormente en su declaración anual de la renta.

Estas cantidades se descuentan directamente del salario bruto del trabajador y son ingresadas por la empresa en los organismos correspondientes, como la Tesorería General de la Seguridad Social o la Agencia Tributaria.

Una vez aplicadas todas las deducciones al total devengado, se obtiene el **líquido a percibir**, también denominado salario neto. Esta cantidad representa el importe final que el trabajador recibe efectivamente como remuneración por su trabajo.

La sección de deducciones del recibo de salarios es fundamental para comprender cómo se transforma el salario bruto en salario neto y para conocer las obligaciones sociales y fiscales asociadas a la actividad laboral.

2.1.4 Los convenios colectivos

Los convenios colectivos constituyen una pieza esencial del sistema de relaciones laborales en España. A través de ellos, trabajadores y empresarios negocian y acuerdan las condiciones de trabajo aplicables en un sector, territorio o empresa. Su función principal es adaptar la normativa laboral general a las características específicas de cada actividad económica, garantizando un marco regulador equilibrado y adecuado a la realidad productiva.

El Estatuto de los Trabajadores reconoce la negociación colectiva como un derecho fundamental y otorga a los convenios colectivos **fuerza vinculante**, lo que significa que sus disposiciones son obligatorias para todas las partes incluidas en su ámbito de aplicación.

Los convenios colectivos regulan aspectos esenciales de la relación laboral, como salarios, jornada, permisos, clasificación profesional, medidas disciplinarias o condiciones de contratación. Su contenido complementa y desarrolla la legislación laboral, siempre respetando los mínimos establecidos por la ley.

La negociación colectiva

La negociación colectiva es el proceso mediante el cual los representantes de los trabajadores y los empresarios dialogan y acuerdan las condiciones laborales que se recogerán en un convenio colectivo. Este proceso está regulado por el Título III del Estatuto de los Trabajadores.

La negociación colectiva cumple varias funciones:

▸ Regular las condiciones de trabajo adaptándolas a cada sector o empresa.

▸ Promover la paz social, evitando conflictos laborales.

▸ Equilibrar la relación entre las partes, compensando la desigualdad de poder entre trabajador y empresario.

▸ Favorecer la participación de los trabajadores en la determinación de sus condiciones laborales.

Los sujetos legitimados para negociar son:

▸ Representantes de los trabajadores: sindicatos más representativos, comités de empresa o delegados de personal.

▸ Representantes de los empresarios: asociaciones empresariales o la propia empresa en convenios de empresa.

El proceso negociador incluye varias fases:

1. Constitución de la mesa negociadora.

2. Intercambio de propuestas y contrapropuestas.

3. Redacción del texto del convenio.

4. Firma del acuerdo.

5. Registro y publicación oficial.

Una vez publicado en el BOE o en el boletín correspondiente, el convenio adquiere fuerza normativa.

Concepto, contenido y requisitos de los convenios colectivos

Un convenio colectivo es un acuerdo escrito entre representantes de trabajadores y empresarios que regula las condiciones de trabajo y productividad, así como las obligaciones recíprocas derivadas de la relación laboral.

El contenido de un convenio colectivo se divide en tres partes:

▶ Contenido normativo: regula las condiciones laborales (salarios, jornada, permisos, clasificación profesional, vacaciones, etc.).

▶ Contenido obligacional: regula los compromisos entre las partes firmantes (por ejemplo, creación de comisiones paritarias).

▶ Contenido organizativo: establece normas sobre la estructura y funcionamiento del propio convenio.

Para que un convenio sea válido debe:

▶ Ser negociado por sujetos legitimados.

▶ Respetar la ley y los derechos mínimos del Estatuto de los Trabajadores.

▶ Formalizarse por escrito.

▶ Registrarse ante la autoridad laboral.

▶ Publicarse en el boletín oficial correspondiente.

**Eficacia de los convenios colectivos, cobertura de vacíos
y racionalización de la estructura negociadora**

Los convenios colectivos estatutarios tienen **eficacia general**, lo que significa que:

▶ Son obligatorios para **todas las empresas y trabajadores** incluidos en su ámbito.

▶ No requieren adhesión individual.

▶ Sus cláusulas tienen rango normativo.

Cobertura de vacíos

Cuando un convenio no regula un aspecto concreto, se aplican:

1. La legislación laboral (Estatuto de los Trabajadores).
2. El convenio de ámbito superior (sectorial, estatal...).
3. Los usos y costumbres profesionales.

Racionalización de la estructura negociadora

El sistema español busca evitar la proliferación de convenios contradictorios. Para ello:

▼ Se priorizan convenios sectoriales estatales o autonómicos.

▼ Se permite que los convenios de empresa regulen materias específicas.

▼ Se establecen reglas de concurrencia para evitar solapamientos.

2.1.5 Concurrencia de convenios colectivos

La concurrencia se produce cuando dos convenios podrían aplicarse simultáneamente a una misma empresa o trabajador. El Estatuto establece reglas claras:

▼ Regla general: prevalece el convenio de ámbito superior salvo que el inferior tenga prioridad en materias concretas.

▼ Prioridad aplicativa del convenio de empresa en materias como:

- Salario base y complementos.
- Jornada y distribución del tiempo de trabajo.
- Vacaciones.
- Adaptación de clasificación profesional.
- Conciliación.

Si existe conflicto, la **comisión paritaria** del convenio o la autoridad laboral pueden intervenir.

2.1.6 Adhesión y extensión de convenios colectivos

Adhesión

Una empresa o colectivo puede **adherirse voluntariamente** a un convenio colectivo ya existente, siempre que:

- No exista un convenio propio.
- La adhesión se formalice por escrito.
- Se comunique a la autoridad laboral.

Extensión

La autoridad laboral puede **extender un convenio colectivo** a empresas o sectores que carecen de convenio cuando:

- No existe representación suficiente para negociar.
- Se busca garantizar condiciones mínimas homogéneas.
- Se pretende evitar desigualdades injustificadas.

La extensión se realiza mediante resolución administrativa y tiene carácter obligatorio.

2.2 CONCEPTO DE SALARIO

El salario es la retribución económica que recibe el trabajador por la prestación de sus servicios dentro de una relación laboral. Constituye la contraprestación que el empresario debe abonar al trabajador por el trabajo realizado y representa uno de los elementos esenciales del contrato de trabajo.

Desde el punto de vista jurídico y laboral, el salario es el conjunto de percepciones económicas que el trabajador recibe como consecuencia de su actividad profesional, independientemente de la forma en que dichas percepciones se materialicen.

El salario está regulado por la legislación laboral, especialmente por el Estatuto de los Trabajadores, así como por los convenios colectivos, que establecen las condiciones económicas aplicables a los trabajadores de cada sector de actividad o de cada empresa.

Según la normativa laboral, se considera salario la totalidad de las percepciones económicas que recibe el trabajador por la prestación de servicios, tanto en dinero como en especie, siempre que dichas percepciones retribuyan el trabajo efectivo o los periodos de descanso que se consideran tiempo de trabajo, como las vacaciones o determinados permisos retribuidos.

El salario puede estar compuesto por diferentes elementos o conceptos que, en conjunto, forman la remuneración total del trabajador. Entre los componentes más habituales del salario se encuentran:

- ▼ Salario base, que constituye la parte principal de la remuneración y suele fijarse en función del tiempo de trabajo o de la cantidad de trabajo realizado.

- ▼ Complementos salariales, que se añaden al salario base en función de determinadas circunstancias relacionadas con el trabajador, con el puesto de trabajo o con la situación de la empresa.

- ▼ Pagas extraordinarias, que se abonan normalmente en determinados momentos del año, como en verano o en Navidad, aunque también pueden prorratearse mensualmente.

- ▼ Horas extraordinarias, que corresponden a las horas de trabajo realizadas por encima de la jornada ordinaria establecida.

La normativa laboral establece que el salario debe abonarse de forma regular y puntual, respetando los plazos y condiciones establecidos en el contrato de trabajo o en el convenio colectivo aplicable.

Además, el pago del salario debe documentarse mediante el correspondiente recibo de salarios o nómina, que constituye el documento justificativo del abono del salario y permite al trabajador conocer con detalle las cantidades percibidas, los conceptos que integran su retribución y las deducciones que se aplican sobre ella.

En definitiva, el salario no solo representa la remuneración del trabajo realizado, sino que también constituye un elemento fundamental para garantizar la estabilidad económica del trabajador y el correcto funcionamiento de la relación laboral.

2.2.1 Salario mínimo interprofesional (SMI)

El Salario Mínimo Interprofesional (SMI) es la cuantía mínima de remuneración que debe percibir un trabajador por la prestación de sus servicios por cuenta ajena. Este salario mínimo constituye una garantía legal destinada a asegurar que todos los trabajadores reciban una retribución básica suficiente por el trabajo realizado, con independencia del sector de actividad, del tipo de contrato o de la modalidad de jornada laboral.

El SMI se fija anualmente por el Gobierno, mediante la correspondiente disposición normativa, generalmente a través de un real decreto. Para su determinación, el Gobierno consulta previamente a las organizaciones sindicales y empresariales más representativas, con el objetivo de tener en cuenta las circunstancias económicas y sociales del momento.

La finalidad principal del salario mínimo interprofesional es **garantizar unas condiciones mínimas de remuneración para los trabajadores**, evitando situaciones de explotación laboral y asegurando que los ingresos obtenidos por el trabajo permitan cubrir, al menos, las necesidades básicas de subsistencia.

Para establecer la cuantía del SMI, se tienen en cuenta diversos factores de carácter económico y social. Entre los principales elementos considerados destacan:

- La evolución de la economía, especialmente el crecimiento económico y la situación general del mercado laboral.

- El nivel de empleo, con el objetivo de equilibrar la protección de los trabajadores con la creación y mantenimiento del empleo.

- La productividad, entendida como la relación entre la producción obtenida y los recursos utilizados.

- El coste de la vida, especialmente la evolución del índice de precios al consumo, que refleja el encarecimiento o abaratamiento de los bienes y servicios básicos.

El salario mínimo interprofesional puede expresarse en diferentes unidades de referencia, lo que facilita su aplicación en distintos tipos de contratos y jornadas laborales. Habitualmente se presenta en las siguientes formas:

▰ Cuantía diaria, que se aplica cuando el salario se calcula en función de días trabajados.

▰ Cuantía mensual, utilizada para trabajadores con salario mensual.

▰ Cuantía anual, que incluye el conjunto de retribuciones mínimas que deben percibirse durante el año, teniendo en cuenta las pagas extraordinarias.

Es importante destacar que el SMI constituye el límite mínimo que debe respetarse en cualquier contrato de trabajo. Esto significa que ningún trabajador puede percibir una retribución inferior al salario mínimo legalmente establecido por la normativa vigente.

Además, el SMI también se utiliza como referencia económica en diversos ámbitos administrativos y sociales, como en el cálculo de determinadas ayudas públicas, prestaciones sociales o límites de ingresos en algunos programas de protección social.

En definitiva, el salario mínimo interprofesional desempeña un papel fundamental dentro del sistema laboral, ya que contribuye a garantizar unas condiciones mínimas de remuneración y a promover la protección económica de los trabajadores.

2.2.2 Salario base o salario de convenio

El salario base, también denominado salario de convenio, es la retribución principal que recibe el trabajador por la realización de su trabajo durante un periodo determinado. Representa la parte fundamental de la remuneración y constituye el elemento central sobre el que se construye el resto de la estructura salarial.

Este salario se establece normalmente en los convenios colectivos, que son acuerdos negociados entre representantes de los trabajadores y de las empresas con el objetivo de regular las condiciones laborales dentro de un determinado sector o empresa.

Los convenios colectivos fijan las cuantías salariales mínimas que deben percibir los trabajadores en función de su categoría o grupo profesionales, garantizando así unas condiciones homogéneas de remuneración dentro de cada ámbito de actividad.

El salario base suele determinarse teniendo en cuenta diversos factores relacionados con el puesto de trabajo y con la cualificación profesional del trabajador. Entre los principales criterios utilizados para su determinación se encuentran:

- La categoría o grupo profesional, que refleja el nivel de responsabilidad y cualificación del trabajador dentro de la organización.

- El puesto de trabajo desempeñado, que puede requerir determinadas competencias técnicas o profesionales.

- El nivel de responsabilidad, especialmente en puestos que implican funciones de supervisión, coordinación o gestión.

- El grado de cualificación o formación requerido para el desempeño del puesto.

El salario base constituye el punto de partida para el cálculo de otros conceptos retributivos, ya que muchos de los elementos que componen el salario total se determinan tomando como referencia esta cantidad.

Entre los conceptos que suelen calcularse a partir del salario base se encuentran:

- Los complementos salariales, que se añaden en función de determinadas circunstancias relacionadas con el trabajador o con el puesto de trabajo.

- Las pagas extraordinarias, cuyo importe suele basarse en el salario base o en el salario total del trabajador.

- Determinadas indemnizaciones o prestaciones laborales, que pueden calcularse a partir del salario base o de la base reguladora derivada de este.

Aunque el salario base representa la parte principal de la retribución del trabajador, el salario total que este percibe suele estar formado por otros elementos complementarios, como los complementos salariales, las horas extraordinarias o los incentivos por productividad.

Por tanto, el salario base constituye la estructura básica del sistema retributivo, sobre la cual se construyen los distintos componentes que configuran la remuneración total del trabajador dentro de la empresa.

2.2.3 Salario pactado

El salario pactado es la retribución económica que acuerdan el trabajador y el empresario en el momento de formalizar el contrato de trabajo. Este salario constituye la remuneración que el trabajador percibirá por la prestación de sus servicios y se establece teniendo en cuenta lo dispuesto en la normativa laboral vigente y en el convenio colectivo aplicable al sector o a la empresa.

El salario pactado forma parte de las condiciones esenciales del contrato de trabajo y, por tanto, debe quedar reflejado de forma clara en el propio contrato o en los documentos que regulan la relación laboral.

Aunque el salario pactado es fruto del acuerdo entre las partes, este acuerdo debe respetar siempre los límites establecidos por la legislación laboral. En ningún caso puede fijarse un salario inferior al Salario Mínimo Interprofesional (SMI) ni al salario mínimo establecido en el convenio colectivo aplicable.

Por tanto, el salario pactado puede:

- ▸ Coincidir con el salario fijado en el convenio colectivo.
- ▸ Ser superior al salario de convenio, cuando el empresario y el trabajador acuerdan una remuneración mayor.

Sin embargo, nunca puede ser inferior a las cuantías mínimas establecidas por la normativa o por el convenio colectivo correspondiente.

El salario pactado puede determinarse en función de diferentes criterios relacionados con las características del puesto de trabajo y con la situación profesional del trabajador. Entre los factores que suelen tenerse en cuenta para fijar el salario pactado se encuentran:

▸ La categoría o grupo profesional del trabajador, que determina el nivel de responsabilidad y cualificación requerido.

▸ El nivel de formación, cualificación o experiencia profesional, especialmente cuando se trata de puestos que requieren conocimientos especializados.

▸ Las responsabilidades asociadas al puesto de trabajo, como funciones de supervisión, coordinación o dirección.

▸ Las condiciones específicas del contrato de trabajo, como el tipo de jornada, la duración del contrato o la ubicación del puesto.

El salario pactado suele incluir distintos componentes retributivos, entre los que pueden encontrarse el salario base, los complementos salariales y otras percepciones económicas relacionadas con el desempeño del trabajo.

Además, el salario pactado no es necesariamente invariable durante toda la relación laboral. Puede modificarse posteriormente en diferentes situaciones, como por ejemplo:

▸ Mediante acuerdos entre el trabajador y la empresa.

▸ Como consecuencia de cambios en el convenio colectivo aplicable.

▸ Como resultado de ascensos, promociones o cambios en el puesto de trabajo.

En definitiva, el salario pactado constituye el punto de partida de la remuneración del trabajador y refleja el acuerdo alcanzado entre las partes dentro del marco establecido por la normativa laboral.

2.2.4 Salario bruto

El salario bruto es la cantidad total que el trabajador genera durante un determinado periodo de tiempo antes de aplicar las deducciones correspondientes. Representa el importe total de las percepciones económicas que corresponden al trabajador como consecuencia de su actividad laboral.

Este salario se obtiene a partir de la suma de todos los conceptos retributivos incluidos en el recibo de salarios o nómina durante el periodo de liquidación, que normalmente es mensual.

El salario bruto incluye tanto las percepciones salariales como, en algunos casos, determinadas percepciones no salariales, dependiendo de su naturaleza y de su tratamiento en materia de cotización.

Entre los conceptos que habitualmente forman parte del salario bruto se encuentran:

- Salario base, que constituye la remuneración principal establecida en el contrato de trabajo o en el convenio colectivo.

- Complementos salariales, que pueden depender de las condiciones personales del trabajador, de las características del puesto o de los resultados de la empresa.

- Pagas extraordinarias, ya sea abonadas en momentos concretos del año o prorrateadas mensualmente.

- Horas extraordinarias, cuando el trabajador realiza horas de trabajo adicionales a la jornada ordinaria.

- Incentivos, comisiones o primas por productividad, que se conceden en función del rendimiento o del cumplimiento de determinados objetivos.

El salario bruto representa el importe total devengado por el trabajador durante el periodo de liquidación. Es decir, refleja el valor económico total del trabajo realizado antes de aplicar cualquier tipo de deducción.

Sin embargo, el trabajador no percibe íntegramente esta cantidad, ya que sobre el salario bruto deben aplicarse determinadas deducciones obligatorias, como:

- Las cotizaciones a la Seguridad Social, destinadas a financiar el sistema de protección social.

- Las retenciones fiscales del IRPF, que constituyen un adelanto del impuesto sobre la renta.

Una vez aplicadas estas deducciones, se obtiene el salario neto o líquido a percibir, que es la cantidad final que el trabajador recibe efectivamente.

Comprender la diferencia entre salario bruto y salario neto es fundamental para interpretar correctamente la información contenida en la nómina y para entender cómo se calcula la remuneración final del trabajador.

2.2.5 Salario líquido

El salario líquido, también denominado salario neto, es la cantidad final que el trabajador recibe efectivamente como remuneración por su trabajo después de aplicar todas las deducciones correspondientes al salario bruto.

En otras palabras, el salario líquido representa el importe real que el trabajador percibe, ya sea mediante transferencia bancaria, cheque o cualquier otro medio de pago establecido por la empresa. Esta cantidad es la que el trabajador puede utilizar libremente para cubrir sus gastos personales y familiares.

Para calcular el salario líquido es necesario partir del salario bruto, que representa el total de las percepciones económicas generadas por el trabajador durante el periodo de liquidación. A partir de este importe se aplican una serie de deducciones obligatorias establecidas por la normativa laboral y fiscal.

Entre las deducciones más habituales que se aplican sobre el salario bruto se encuentran las siguientes:

- ▶ Cotizaciones del trabajador a la Seguridad Social, destinadas a financiar el sistema público de protección social, que incluye prestaciones como la asistencia sanitaria, las pensiones de jubilación o las prestaciones por desempleo.

- ▶ Retenciones a cuenta del Impuesto sobre la Renta de las Personas Físicas (IRPF), que constituyen un adelanto del impuesto que el trabajador deberá liquidar posteriormente en su declaración anual de la renta.

▼ Otras posibles deducciones, que pueden derivarse de acuerdos laborales o de situaciones específicas, como anticipos salariales, cuotas sindicales o determinadas aportaciones voluntarias.

Estas cantidades se descuentan directamente del salario bruto y son ingresadas por la empresa en los organismos correspondientes, como la Tesorería General de la Seguridad Social o la Agencia Tributaria.

Una vez realizadas todas las deducciones, el resultado es el **salario líquido o neto**, que corresponde al importe final que el trabajador percibe como remuneración por su actividad laboral.

Comprender la diferencia entre salario bruto y salario líquido es fundamental para interpretar correctamente la información contenida en el recibo de salarios. Mientras que el salario bruto refleja el valor total del trabajo realizado, el salario líquido muestra la cantidad efectiva que el trabajador recibe tras cumplir con sus obligaciones fiscales y sociales.

Por tanto, el salario líquido representa la cantidad final disponible para el trabajador, una vez descontadas todas las obligaciones legales relacionadas con la cotización y la tributación del salario.

2.2.6 Tipos de percepciones salariales

Las percepciones salariales son las cantidades económicas que recibe el trabajador como retribución directa por la prestación de sus servicios dentro de una relación laboral. Estas percepciones forman parte del salario y se reflejan de forma detallada en el recibo de salarios o nómina correspondiente a cada periodo de liquidación.

Las percepciones salariales representan, por tanto, la compensación económica que el trabajador obtiene por el trabajo realizado y constituyen uno de los elementos fundamentales de la relación laboral.

En la práctica, el salario de un trabajador suele estar compuesto por diferentes tipos de percepciones que pueden variar en función de diversos factores, como el puesto de trabajo desempeñado, las condiciones laborales o el sistema retributivo establecido en el convenio colectivo o en el contrato de trabajo.

Para facilitar su análisis y comprensión, las percepciones salariales pueden clasificarse de distintas maneras. Una de las clasificaciones más habituales distingue entre percepciones fijas y percepciones variables.

Esta clasificación permite diferenciar entre:

▼ Aquellas retribuciones que el trabajador percibe de forma regular y estable, independientemente de las circunstancias concretas del trabajo realizado.

▼ Aquellas percepciones que pueden variar de un periodo a otro, ya que dependen de factores como el rendimiento, la productividad o determinadas condiciones específicas del trabajo.

La distinción entre percepciones fijas y percepciones variables es importante para comprender la estructura del salario y para analizar cómo se configura la remuneración total del trabajador dentro de la empresa.

En los apartados siguientes se analizarán con mayor detalle las características de cada uno de estos tipos de percepciones salariales.

2.2.7 Percepciones fijas

Las percepciones fijas son aquellas cantidades que el trabajador percibe de manera periódica, estable y previsible como parte de su remuneración. Estas percepciones se caracterizan por mantenerse constantes durante cada periodo de liquidación del salario, normalmente mensual, siempre que no se produzcan modificaciones en las condiciones laborales, en el contrato de trabajo o en el convenio colectivo aplicable.

Este tipo de percepciones constituye la base principal de la retribución del trabajador, ya que proporciona una remuneración regular que no depende directamente de variaciones en la actividad laboral, en el rendimiento individual o en los resultados de la empresa. Gracias a esta estabilidad, el trabajador puede conocer con antelación el importe aproximado de su salario mensual, lo que facilita la planificación de su economía personal.

Las percepciones fijas se establecen generalmente en el contrato de trabajo o en el convenio colectivo, y forman parte estructural del sistema retributivo de la empresa.

Entre las percepciones fijas más habituales se encuentran las siguientes:

▸ Salario base, que constituye la remuneración principal del trabajador. Este salario se fija en función del tiempo de trabajo (por ejemplo, mensual o diario) o de la unidad de obra realizada, y suele estar determinado por el convenio colectivo o por el contrato de trabajo.

▸ Complementos salariales fijos, que se añaden al salario base y se mantienen estables en cada periodo de liquidación. Estos complementos pueden estar vinculados a diferentes factores, como la antigüedad del trabajador en la empresa, la categoría profesional o determinadas condiciones del puesto de trabajo.

▸ Pagas extraordinarias, que representan retribuciones adicionales que el trabajador percibe en determinados momentos del año, como en verano o en Navidad. En algunos casos, estas pagas pueden prorratearse y distribuirse de forma proporcional en cada nómina mensual, convirtiéndose así en una percepción fija.

Las percepciones fijas desempeñan un papel fundamental dentro del sistema retributivo, ya que proporcionan estabilidad económica al trabajador y garantizan un nivel de ingresos regular y previsible. Además, estas percepciones suelen servir como base para el cálculo de otros conceptos salariales o de determinadas prestaciones laborales.

2.2.8 Percepciones variables

Las percepciones variables son aquellas cantidades que el trabajador puede percibir en función de determinadas circunstancias relacionadas con el trabajo realizado, con su rendimiento o con las necesidades específicas de la empresa.

A diferencia de las percepciones fijas, estas percepciones no tienen una cuantía constante, sino que pueden variar de un periodo de liquidación a otro. Su importe depende de factores como el volumen de trabajo realizado, el cumplimiento de objetivos, las condiciones en las que se desarrolla la actividad laboral o la situación productiva de la empresa.

Las percepciones variables permiten introducir una mayor flexibilidad en el sistema retributivo y pueden utilizarse como un mecanismo para incentivar la productividad, la implicación del trabajador o la consecución de determinados resultados.

Entre las percepciones variables más habituales se encuentran las siguientes:

- ▸ Horas extraordinarias, que corresponden a las horas de trabajo realizadas por encima de la jornada laboral ordinaria establecida en el contrato o en el convenio colectivo.

- ▸ Incentivos o primas por productividad, que se conceden cuando el trabajador alcanza determinados objetivos de rendimiento, producción o calidad en su trabajo.

- ▸ Comisiones por ventas, muy habituales en actividades comerciales, donde el trabajador percibe una cantidad proporcional al volumen de ventas o de operaciones realizadas.

- ▸ Plus por trabajo en condiciones especiales, como el trabajo nocturno, el trabajo en festivos o el trabajo realizado en determinadas condiciones que requieren una compensación adicional.

Las percepciones variables permiten que la retribución del trabajador se adapte a las circunstancias concretas del trabajo realizado. Además, pueden actuar como un instrumento de motivación, ya que vinculan parte de la remuneración al esfuerzo, al rendimiento o a los resultados obtenidos.

Por este motivo, muchas empresas incorporan percepciones variables dentro de sus sistemas de remuneración con el objetivo de mejorar la productividad, fomentar la implicación de los trabajadores y alinear sus intereses con los objetivos de la organización.

2.2.9 Percepciones salariales

Las percepciones salariales son todas aquellas cantidades económicas que el trabajador recibe como contraprestación directa por la prestación de sus servicios dentro de una relación laboral. Estas percepciones constituyen el salario propiamente dicho y forman parte de los devengos salariales que aparecen reflejados en el recibo de salarios o nómina correspondiente a cada periodo de liquidación.

Desde el punto de vista jurídico, las percepciones salariales representan la compensación económica que el empresario abona al trabajador por el trabajo realizado. Estas cantidades forman parte de la remuneración total del trabajador y están reguladas por la normativa laboral vigente, especialmente por el Estatuto de los Trabajadores y por los convenios colectivos aplicables en cada sector o empresa.

De acuerdo con la legislación laboral, se consideran percepciones salariales no solo las cantidades que remuneran el trabajo efectivo, es decir, el tiempo en el que el trabajador desarrolla su actividad laboral, sino también aquellas que retribuyen determinados periodos de descanso que se consideran tiempo de trabajo. Entre estos periodos se incluyen, por ejemplo, las vacaciones retribuidas, los descansos semanales o determinados permisos retribuidos establecidos por la normativa laboral.

Las percepciones salariales pueden adoptar diferentes formas y pueden variar en función del sistema retributivo establecido por la empresa o por el convenio colectivo correspondiente. No obstante, existen una serie de conceptos salariales que aparecen con mayor frecuencia en las nóminas de los trabajadores.

Entre las percepciones salariales más habituales se encuentran:

▶ Salario base, que constituye la remuneración principal del trabajador y se establece generalmente en función de la categoría profesional o del grupo profesional al que pertenece el trabajador.

▶ Complementos salariales, que se añaden al salario base para retribuir determinadas circunstancias relacionadas con el trabajador, con el puesto de trabajo o con los resultados de la empresa.

▶ Pagas extraordinarias, que representan retribuciones adicionales que se abonan en determinados momentos del año, aunque también pueden distribuirse de forma proporcional en las nóminas mensuales.

▼ Horas extraordinarias, que corresponden a las horas de trabajo realizadas por encima de la jornada laboral ordinaria establecida en el contrato o en el convenio colectivo.

▼ Incentivos o primas por productividad, que se conceden en función del rendimiento del trabajador, del cumplimiento de determinados objetivos o de los resultados obtenidos.

Todas estas percepciones forman parte del salario bruto del trabajador, es decir, del importe total devengado antes de aplicar las deducciones correspondientes.

Además, las percepciones salariales están sujetas a las cotizaciones a la Seguridad Social, que financian el sistema de protección social, y a las retenciones fiscales, especialmente las correspondientes al Impuesto sobre la Renta de las Personas Físicas (IRPF).

Por tanto, las percepciones salariales constituyen el núcleo fundamental de la remuneración del trabajador y representan la compensación económica directa por la actividad laboral desarrollada.

2.2.10 Percepciones no salariales

Las percepciones no salariales son cantidades económicas que el trabajador recibe en relación con su actividad laboral, pero que no constituyen una remuneración directa por el trabajo realizado. Estas percepciones tienen como finalidad principal compensar determinados gastos o situaciones derivadas de la actividad profesional del trabajador.

A diferencia de las percepciones salariales, las percepciones no salariales no retribuyen el trabajo en sí mismo, sino que sirven para cubrir o compensar determinados costes que el trabajador puede asumir como consecuencia de su actividad laboral.

Estas percepciones también aparecen reflejadas en el recibo de salarios o nómina, aunque se presentan de forma diferenciada respecto a las percepciones salariales para facilitar su identificación.

Entre las percepciones no salariales más habituales se encuentran las siguientes:

- Indemnizaciones o suplidos por gastos realizados por el trabajador, como los gastos derivados de desplazamientos por motivos laborales o los gastos necesarios para el desarrollo de determinadas actividades profesionales.

- Dietas por manutención o alojamiento, que se abonan cuando el trabajador debe desplazarse fuera de su lugar habitual de trabajo por razones profesionales.

- Compensaciones por desgaste de herramientas o materiales propios del trabajador, cuando este utiliza recursos personales para desarrollar su actividad laboral.

- Indemnizaciones por traslado, suspensión o despido, que se conceden en determinadas situaciones derivadas de la relación laboral.

Las percepciones no salariales presentan características diferentes a las percepciones salariales desde el punto de vista laboral, fiscal y de cotización.

Entre sus principales características se encuentran las siguientes:

- En muchos casos no se consideran salario a efectos laborales, ya que no retribuyen directamente el trabajo realizado.

- Pueden tener un tratamiento diferente en materia de cotización a la Seguridad Social, dependiendo de su naturaleza y de la normativa aplicable.

- En determinados casos pueden estar exentas total o parcialmente de retenciones fiscales, especialmente cuando su finalidad es compensar gastos justificados.

Por tanto, aunque estas percepciones aparecen reflejadas en la nómina, se diferencian claramente de los conceptos salariales y cumplen una función distinta dentro del sistema retributivo.

En conjunto, las percepciones salariales y no salariales permiten reflejar de manera completa y detallada las distintas cantidades económicas que el trabajador recibe como consecuencia de su relación laboral.

2.3 COMPLEMENTOS SALARIALES

Los complementos salariales son cantidades económicas que se añaden al salario base del trabajador con el objetivo de retribuir determinadas circunstancias relacionadas con su situación personal, con las características del puesto de trabajo o con los resultados obtenidos por la empresa.

Estos complementos forman parte de la estructura del salario y permiten adaptar la remuneración del trabajador a las condiciones específicas en las que se desarrolla la actividad laboral. De esta forma, el sistema retributivo puede reflejar con mayor precisión factores como la experiencia profesional del trabajador, las condiciones en las que se presta el trabajo o la contribución del trabajador al rendimiento de la organización.

Los complementos salariales suelen estar regulados en los convenios colectivos, que establecen los diferentes tipos de complementos aplicables en cada sector de actividad, así como sus condiciones y cuantías. No obstante, también pueden establecerse mediante acuerdos individuales entre el trabajador y la empresa, siempre dentro de los límites establecidos por la normativa laboral.

La existencia de complementos salariales permite configurar sistemas retributivos más flexibles y adaptados a las características de cada puesto de trabajo, ya que el salario total del trabajador no se limita al salario base, sino que puede incorporar diferentes elementos que reflejan la realidad de la actividad laboral.

Los complementos salariales pueden establecerse en función de diferentes factores. Entre las circunstancias que pueden dar lugar a este tipo de complementos se encuentran:

- Las características personales del trabajador, como su experiencia, formación o antigüedad en la empresa.

- Las condiciones particulares del puesto de trabajo, como la responsabilidad, la penosidad o la peligrosidad de determinadas tareas.

- Los resultados o la situación económica de la empresa, cuando se establecen incentivos o primas vinculadas al rendimiento o a los beneficios empresariales.

Desde el punto de vista jurídico y económico, los complementos salariales forman parte del salario del trabajador. Por esta razón, se incluyen dentro del salario bruto reflejado en la nómina y están sujetos a las correspondientes cotizaciones a la Seguridad Social y a las retenciones fiscales.

En conjunto, los complementos salariales contribuyen a mejorar la equidad del sistema retributivo, permitiendo que la remuneración de los trabajadores tenga en cuenta no solo el tiempo de trabajo, sino también otros factores relevantes relacionados con el desempeño laboral.

2.3.1 Complementos por condiciones personales

Los complementos por condiciones personales son aquellos complementos salariales que se conceden al trabajador teniendo en cuenta determinadas características individuales relacionadas con su trayectoria profesional, su formación o su experiencia dentro de la empresa.

Este tipo de complementos se basa en circunstancias propias del trabajador y no depende directamente del puesto de trabajo que desempeña ni de los resultados económicos de la empresa. Su finalidad es reconocer y compensar determinados atributos personales que pueden aportar valor añadido a la organización.

Estos complementos suelen estar vinculados a factores que reflejan la evolución profesional del trabajador o su cualificación dentro del entorno laboral.

Entre los complementos más habituales dentro de esta categoría se encuentran los siguientes:

- ▶ Complemento de antigüedad, que retribuye los años de servicio del trabajador en la empresa. Este complemento tiene como finalidad reconocer la experiencia acumulada y la permanencia del trabajador en la organización. En algunos convenios colectivos, este complemento se calcula mediante trienios, quinquenios u otros periodos de tiempo.

- ▶ Complementos por formación o cualificación profesional, que se conceden cuando el trabajador posee determinados conocimientos técnicos, titulaciones académicas o especializaciones profesionales que resultan útiles para el desempeño del puesto de trabajo.

▶ Complementos por idiomas u otras habilidades específicas, que se aplican en aquellos puestos en los que determinadas competencias adicionales, como el dominio de lenguas extranjeras o conocimientos técnicos especializados, son especialmente relevantes para el desarrollo de la actividad laboral.

Los complementos por condiciones personales pueden estar regulados en el convenio colectivo aplicable, donde se establecen sus características, cuantías y condiciones de aplicación. En otros casos, pueden establecerse mediante acuerdos individuales entre la empresa y el trabajador.

Este tipo de complementos contribuye a reconocer el valor que aportan las capacidades personales y profesionales del trabajador dentro de la empresa, incentivando la formación continua y la mejora de las competencias profesionales.

2.3.2 Complementos por el trabajo realizado

Los complementos por el trabajo realizado son aquellos complementos salariales que se conceden en función de las características específicas del puesto de trabajo o de las condiciones en las que se desarrolla la actividad laboral. Estos complementos tienen como finalidad compensar determinadas circunstancias que afectan directamente a la forma en que se presta el trabajo y que pueden implicar un mayor esfuerzo, responsabilidad o dificultad para el trabajador.

A diferencia de los complementos por condiciones personales, que dependen de características propias del trabajador, los complementos por el trabajo realizado están vinculados directamente al contenido del puesto de trabajo y a las condiciones en las que se desempeña la actividad laboral.

En muchos casos, estos complementos tienen como objetivo compensar situaciones que pueden resultar especialmente exigentes o complejas, como el desempeño de tareas en horarios especiales, la realización de trabajos en condiciones adversas o el ejercicio de funciones que implican una mayor responsabilidad dentro de la empresa.

Entre los complementos más habituales dentro de esta categoría se encuentran los siguientes:

▼ Complemento de puesto de trabajo, que se establece en función de las características específicas del puesto desempeñado. Este complemento puede estar relacionado con el nivel de responsabilidad, la complejidad de las tareas o las funciones de supervisión o coordinación que el trabajador debe asumir.

▼ Plus de nocturnidad, que se concede cuando el trabajador realiza su actividad laboral durante el horario nocturno. Este tipo de trabajo suele implicar mayores dificultades desde el punto de vista físico y social, por lo que la normativa laboral establece una compensación económica adicional.

▼ Plus de peligrosidad, toxicidad o penosidad, que se aplica cuando el trabajo se desarrolla en condiciones especialmente difíciles o peligrosas, como la exposición a sustancias nocivas, ambientes extremos o tareas que implican riesgos específicos para la salud o la seguridad.

▼ Plus de turnicidad, que se concede cuando el trabajador presta sus servicios en sistemas de turnos rotativos. Este tipo de organización del trabajo puede afectar al ritmo de vida del trabajador, por lo que suele compensarse mediante un complemento salarial específico.

Estos complementos están generalmente regulados en los convenios colectivos, donde se establecen las condiciones para su aplicación, así como los criterios para determinar su cuantía. No obstante, en algunos casos también pueden establecerse mediante acuerdos internos de la empresa.

La existencia de estos complementos permite reconocer las particularidades del trabajo realizado y garantizar una compensación adecuada cuando el desempeño de determinadas tareas implica condiciones más exigentes que las habituales.

2.3.3 Complementos por resultados de la empresa

Los complementos por resultados de la empresa son aquellos complementos salariales que se establecen en función de los resultados obtenidos por la empresa, por determinados departamentos o por equipos de trabajo. Este tipo de complementos vincula una parte de la remuneración del trabajador al rendimiento de la organización o al cumplimiento de determinados objetivos.

La finalidad principal de estos complementos es incentivar la productividad, la eficiencia y la implicación de los trabajadores, fomentando su participación en la consecución de los objetivos empresariales. De esta forma, el sistema retributivo no solo remunera el trabajo realizado, sino que también reconoce la contribución de los trabajadores al éxito de la empresa.

Los complementos por resultados suelen formar parte de los sistemas de retribución variable, ya que su cuantía puede variar en función de los resultados obtenidos durante un determinado periodo de tiempo.

Entre los complementos más habituales de esta categoría se encuentran los siguientes:

- Primas o incentivos por productividad, que se conceden cuando el trabajador o el equipo alcanza determinados niveles de producción, rendimiento o calidad en el trabajo realizado.

- Participación en beneficios, que consiste en el reparto entre los trabajadores de una parte de los beneficios obtenidos por la empresa durante un determinado ejercicio económico.

- Bonificaciones por resultados, que pueden depender tanto del rendimiento individual del trabajador como del rendimiento colectivo de un departamento o de toda la empresa.

Este tipo de complementos suele establecerse en los convenios colectivos, en acuerdos entre la empresa y los representantes de los trabajadores o en políticas internas de gestión de recursos humanos.

Además, los complementos por resultados pueden diseñarse de diferentes maneras, estableciendo objetivos individuales, objetivos colectivos o combinaciones de ambos. En cualquier caso, su aplicación suele depender de la consecución de metas previamente definidas por la empresa.

Los complementos por resultados contribuyen a reforzar la motivación de los trabajadores, ya que vinculan una parte de su remuneración al desempeño y a los resultados obtenidos. De este modo, permiten alinear los intereses de los trabajadores con los objetivos de la organización, favoreciendo un mayor compromiso con el desarrollo y la competitividad de la empresa.

2.3.4 Otros complementos salariales

Además de los complementos salariales vinculados a las condiciones personales del trabajador, al trabajo realizado o a los resultados de la empresa, existen otros complementos salariales que también pueden formar parte de la estructura retributiva del trabajador.

Estos complementos se establecen generalmente en los convenios colectivos, aunque en algunos casos también pueden surgir a partir de acuerdos internos dentro de la empresa o mediante pactos individuales entre el empresario y el trabajador. Su finalidad es reconocer determinadas circunstancias específicas que no encajan necesariamente en las categorías anteriores, pero que influyen en las condiciones de trabajo o en la organización de la actividad laboral.

La existencia de este tipo de complementos permite que el sistema retributivo sea más flexible y pueda adaptarse a las necesidades particulares de cada empresa o de cada puesto de trabajo.

Entre los complementos salariales que pueden incluirse dentro de esta categoría se encuentran los siguientes:

- **Complementos de disponibilidad**, que se conceden cuando el trabajador debe estar disponible para prestar servicios fuera de su jornada habitual o para atender determinadas situaciones imprevistas relacionadas con la actividad de la empresa.

- Complementos de responsabilidad, asociados a puestos que implican un mayor nivel de responsabilidad dentro de la organización, como funciones de supervisión, coordinación o gestión de equipos de trabajo.

▼ Complementos de dedicación exclusiva, que se establecen cuando el trabajador se compromete a no desarrollar actividades profesionales para otras empresas o entidades durante la vigencia de su relación laboral.

▼ Complementos de permanencia, que tienen como objetivo incentivar la continuidad del trabajador en la empresa durante un determinado periodo de tiempo, reconociendo su estabilidad y fidelidad a la organización.

La existencia y la cuantía de estos complementos dependen de las condiciones establecidas en la normativa laboral aplicable, en los convenios colectivos o en los acuerdos alcanzados entre la empresa y el trabajador.

En cualquier caso, al tratarse de percepciones que forman parte del salario, estos complementos se incluyen dentro del salario bruto del trabajador y están sujetos a las correspondientes cotizaciones a la Seguridad Social y a las retenciones fiscales.

2.4 OTRAS RETRIBUCIONES SALARIALES

Además del salario base y de los complementos salariales, existen otras retribuciones salariales que forman parte del salario total del trabajador y que pueden percibirse en determinadas circunstancias.

Estas retribuciones constituyen componentes adicionales del salario que pueden variar en función de diferentes factores, como la organización del trabajo, el rendimiento del trabajador o las condiciones establecidas en el convenio colectivo o en el contrato de trabajo.

En muchos casos, estas retribuciones no se perciben de forma fija todos los meses, sino que dependen de determinadas situaciones o de la realización de actividades específicas dentro del ámbito laboral.

Entre las retribuciones salariales más habituales se encuentran las siguientes:

▼ Pagas extraordinarias, que representan retribuciones adicionales que se abonan generalmente en determinados momentos del año, como en verano o en Navidad, aunque también pueden prorratearse a lo largo de los doce meses.

▼ Horas extraordinarias, que corresponden a las horas de trabajo realizadas por encima de la jornada ordinaria establecida en el contrato o en el convenio colectivo.

▼ Incentivos o primas por productividad, que se conceden cuando el trabajador alcanza determinados objetivos o niveles de rendimiento en su actividad laboral.

▼ Participación en beneficios de la empresa, que consiste en el reparto entre los trabajadores de una parte de los beneficios obtenidos por la empresa durante un determinado periodo.

La aplicación y cuantía de estas retribuciones pueden variar en función de diversos factores, como el convenio colectivo aplicable, la actividad desarrollada por la empresa, la estructura organizativa o los acuerdos establecidos entre la empresa y los trabajadores.

En conjunto, estas retribuciones contribuyen a completar el sistema salarial del trabajador y permiten adaptar la remuneración a las características concretas de la actividad laboral y a los resultados obtenidos dentro de la organización.

2.4.1 Retribuciones de vencimiento superior al mes

Las retribuciones de vencimiento superior al mes son aquellas percepciones salariales que no se abonan de forma mensual, sino en periodos de tiempo más amplios, generalmente a lo largo de varios meses o incluso una vez al año. Estas retribuciones se generan durante un determinado periodo y se perciben cuando se alcanza el momento de pago establecido en el convenio colectivo, en el contrato de trabajo o en la normativa laboral aplicable.

A diferencia del salario ordinario, que se percibe normalmente cada mes, estas retribuciones se caracterizan por tener un periodo de devengo más amplio, lo que significa que se van generando progresivamente durante un periodo de tiempo determinado hasta que llega el momento en que deben abonarse al trabajador.

Este tipo de retribuciones suele estar vinculado a determinados conceptos salariales que, por su naturaleza, no se pagan de manera periódica cada mes, sino que se concentran en momentos concretos del año o cuando se cumplen determinadas condiciones previamente establecidas.

Entre las retribuciones de vencimiento superior al mes más habituales se encuentran las siguientes:

- ▼ Pagas extraordinarias, que son retribuciones adicionales al salario mensual ordinario. En muchos convenios colectivos se establecen dos pagas extraordinarias al año, que suelen abonarse en verano y en Navidad, aunque en algunos sectores pueden existir más pagas adicionales.

- ▼ Participación en beneficios, que consiste en el reparto entre los trabajadores de una parte de los beneficios obtenidos por la empresa durante un determinado ejercicio económico. Este sistema pretende reconocer la contribución de los trabajadores al éxito económico de la empresa.

- ▼ Primas o incentivos anuales, que se conceden cuando se alcanzan determinados objetivos de productividad, rendimiento o resultados establecidos previamente por la empresa o por el convenio colectivo.

En algunos casos, estas retribuciones pueden **prorratearse**, lo que significa que su importe se distribuye proporcionalmente a lo largo de los doce meses del año y se incorpora al salario mensual del trabajador. De esta forma, en lugar de recibir estas cantidades en momentos concretos del año, el trabajador percibe una parte proporcional cada mes.

Desde el punto de vista jurídico y económico, las retribuciones de vencimiento superior al mes forman parte del salario del trabajador. Por este motivo, están sujetas a las correspondientes cotizaciones a la Seguridad Social y a las retenciones fiscales establecidas por la normativa vigente.

Este tipo de retribuciones constituye un elemento importante dentro de la estructura salarial, ya que permite complementar el salario ordinario y reconocer determinados aspectos del rendimiento o de la actividad económica de la empresa.

2.4.2 Retribuciones en especie

Las retribuciones en especie son aquellas percepciones salariales que el trabajador recibe en forma de bienes, servicios o beneficios distintos del dinero como contraprestación por su trabajo. Aunque la forma más habitual de remuneración es el pago en dinero, la normativa laboral permite que una parte del salario se perciba en especie.

Este tipo de retribución consiste en que el trabajador recibe determinados beneficios o ventajas económicas proporcionadas por la empresa, que tienen un valor económico y que forman parte de su remuneración total.

No obstante, la legislación laboral establece ciertos límites para este tipo de retribución con el objetivo de proteger los derechos económicos del trabajador. En particular, el salario en especie no puede superar un determinado porcentaje del salario total, garantizando así que la mayor parte del salario se perciba en dinero.

Entre las retribuciones en especie más habituales se encuentran las siguientes:

- Uso de vivienda proporcionada por la empresa, cuando el trabajador dispone de una vivienda facilitada por la empresa como parte de su remuneración.

- Vehículo de empresa para uso personal, que permite al trabajador utilizar un vehículo propiedad de la empresa fuera de las funciones estrictamente laborales.

- Seguro médico privado, cuando la empresa ofrece cobertura sanitaria adicional al trabajador como parte de su sistema de compensación.

- Tickets o vales de comida, destinados a cubrir los gastos de manutención durante la jornada laboral.

▼ Programas de formación financiados por la empresa, cuando esta asume el coste de determinadas acciones formativas para mejorar la cualificación del trabajador.

▼ Acciones o participaciones en la empresa, que se conceden como parte de programas de incentivos o de participación en la empresa.

Las retribuciones en especie deben **valorarse económicamente**, ya que es necesario asignarles un valor monetario para incluirlas correctamente en el recibo de salarios. Este valor se tiene en cuenta tanto para el cálculo del salario total como para determinar las obligaciones fiscales y de cotización correspondientes.

Desde el punto de vista fiscal y laboral, las retribuciones en especie pueden tener un **tratamiento específico**, ya que algunas de ellas pueden estar parcialmente exentas de determinadas cargas fiscales o sujetas a normas especiales de cotización.

En definitiva, las retribuciones en especie constituyen una forma complementaria de remuneración que permite a las empresas ofrecer beneficios adicionales a sus trabajadores y mejorar sus condiciones laborales dentro de la política retributiva de la organización.

2.4.3 Horas extraordinarias

Las horas extraordinarias son aquellas horas de trabajo que se realizan por encima de la jornada laboral ordinaria establecida en el contrato de trabajo o en el convenio colectivo aplicable. Este tipo de horas se lleva a cabo cuando, por necesidades de la empresa o por circunstancias excepcionales, el trabajador prolonga su jornada habitual para completar determinadas tareas o atender situaciones específicas de la actividad empresarial.

La regulación de las horas extraordinarias se encuentra recogida en la legislación laboral, que establece límites y condiciones para su realización con el fin de proteger la salud y el bienestar de los trabajadores. En general, la realización de horas extraordinarias tiene carácter voluntario, salvo en casos excepcionales en los que resulten necesarias para prevenir o reparar daños extraordinarios y urgentes.

La normativa laboral establece también un límite máximo anual de horas extraordinarias, con el objetivo de evitar jornadas laborales excesivas y garantizar el cumplimiento de los periodos de descanso establecidos por la legislación.

Las horas extraordinarias pueden compensarse de dos formas principales:

▸ Mediante compensación económica, en cuyo caso el trabajador recibe una remuneración adicional por cada hora extraordinaria realizada. El valor de la hora extraordinaria suele ser superior al de la hora ordinaria de trabajo, según lo establecido en el convenio colectivo o en el contrato de trabajo.

▸ Mediante descanso compensatorio, que consiste en otorgar al trabajador un periodo de descanso equivalente al tiempo trabajado de forma extraordinaria. Este descanso debe disfrutarse dentro del plazo establecido por la normativa o por el convenio colectivo aplicable.

Las horas extraordinarias deben reflejarse de forma clara en el recibo de salarios, indicando el número de horas realizadas y la compensación correspondiente. Además, este tipo de horas puede estar sujeto a un régimen específico de cotización a la Seguridad Social, distinto del que se aplica al resto de percepciones salariales.

En muchos sectores de actividad, las horas extraordinarias constituyen un mecanismo para hacer frente a incrementos puntuales de la actividad productiva, aunque la normativa laboral promueve que su utilización sea limitada y justificada.

2.4.4 Anticipos de salario

Los anticipos de salario son cantidades de dinero que el trabajador puede solicitar a la empresa antes de la fecha habitual de pago del salario correspondiente a un periodo de trabajo ya realizado. Este mecanismo permite al trabajador disponer anticipadamente de una parte de su remuneración cuando necesita afrontar determinados gastos o situaciones económicas imprevistas.

La normativa laboral reconoce el derecho del trabajador a solicitar anticipos a cuenta del salario ya devengado, es decir, sobre las cantidades que corresponden al trabajo que ya ha sido realizado pero cuyo pago aún no ha sido efectuado por la empresa.

Los anticipos de salario presentan varias características importantes:

- Solo pueden solicitarse sobre cantidades que el trabajador ya ha generado mediante su trabajo, es decir, sobre salario devengado.

- No constituyen una remuneración adicional, sino un adelanto de una cantidad que el trabajador percibirá posteriormente en su nómina.

- Deben reflejarse en el recibo de salarios correspondiente, donde aparecerán como una deducción aplicada al salario del periodo de liquidación.

En la práctica, cuando el trabajador solicita un anticipo, la empresa adelanta una parte del salario que posteriormente será descontada en la nómina, de forma que el importe total percibido durante el periodo de liquidación se ajusta al salario realmente devengado.

Los anticipos de salario constituyen un instrumento de flexibilidad dentro de la gestión de la remuneración, ya que permiten al trabajador disponer de recursos económicos antes del momento habitual de pago sin alterar el importe total de su salario.

Este mecanismo contribuye a facilitar la gestión económica personal del trabajador, especialmente en situaciones en las que es necesario disponer de liquidez antes de la fecha de pago ordinaria del salario.

2.5 RETRIBUCIONES DE CARÁCTER NO SALARIAL

Las retribuciones de carácter no salarial son aquellas cantidades económicas que el trabajador recibe en el marco de la relación laboral, pero que no constituyen una remuneración directa por el trabajo realizado. Estas percepciones tienen como finalidad compensar determinados gastos, cubrir situaciones derivadas de la actividad laboral o indemnizar al trabajador por circunstancias relacionadas con el desarrollo de su trabajo.

A diferencia de las percepciones salariales, las retribuciones de carácter no salarial no retribuyen el trabajo efectivo, sino que tienen un carácter compensatorio o indemnizatorio. Por este motivo, su tratamiento jurídico, fiscal y de cotización puede diferir del que se aplica a los conceptos salariales.

Las retribuciones no salariales suelen aparecer reflejadas en el recibo de salarios, dentro del apartado de percepciones no salariales, para que el trabajador pueda identificar claramente aquellas cantidades que no forman parte del salario propiamente dicho.

Entre las principales características de las retribuciones de carácter no salarial se pueden destacar las siguientes:

- No retribuyen directamente el trabajo realizado por el trabajador.

- Su finalidad principal es compensar gastos o situaciones derivadas de la actividad laboral.

- En determinados casos pueden no estar sujetas a cotización a la Seguridad Social, siempre que se ajusten a los límites establecidos por la normativa.

- Algunas de estas percepciones pueden estar exentas total o parcialmente de tributación, dependiendo de su naturaleza y de los requisitos establecidos por la legislación fiscal.

Entre las retribuciones de carácter no salarial más habituales se encuentran las indemnizaciones por gastos, las dietas por desplazamiento, las compensaciones por transporte o determinadas indemnizaciones derivadas de la extinción del contrato de trabajo.

Estas percepciones permiten compensar al trabajador por determinados costes o situaciones que se producen como consecuencia del desempeño de su actividad laboral, sin que constituyan una remuneración directa por el trabajo.

2.5.1 Indemnizaciones y suplidos

Las **indemnizaciones y suplidos** son cantidades que la empresa abona al trabajador para compensar determinados gastos que este ha tenido que realizar como consecuencia de su actividad laboral. Estas percepciones tienen carácter compensatorio y, por tanto, no se consideran salario, ya que no retribuyen directamente el trabajo realizado.

Este tipo de compensaciones tiene como finalidad evitar que el trabajador tenga que asumir con sus propios recursos gastos que se generan como consecuencia del desarrollo de su trabajo.

Las indemnizaciones y suplidos pueden adoptar diferentes formas en función de la naturaleza de los gastos que se compensan. Entre las situaciones más habituales en las que se producen este tipo de percepciones se encuentran:

▼ Gastos de desplazamiento, cuando el trabajador debe trasladarse fuera de su lugar habitual de trabajo para realizar tareas relacionadas con su actividad profesional.

▼ Gastos de manutención o alojamiento, cuando el trabajador debe permanecer fuera de su residencia habitual por motivos laborales.

▼ Gastos derivados del uso de medios propios, como el uso de vehículo propio, herramientas o equipos que el trabajador utiliza para desarrollar su actividad laboral.

Estas cantidades suelen justificarse mediante facturas, recibos u otros documentos acreditativos, que permiten demostrar que el gasto se ha producido realmente como consecuencia de la actividad laboral.

Desde el punto de vista de la cotización y de la fiscalidad, las indemnizaciones y suplidos pueden tener un tratamiento especial. En muchos casos, no están sujetos a cotización a la Seguridad Social ni a retención del IRPF, siempre que no superen los límites establecidos por la normativa y que se correspondan con gastos efectivamente realizados.

No obstante, si las cantidades abonadas superan los límites establecidos o no se corresponden con gastos justificados, pueden considerarse percepciones salariales y quedar sujetas a las obligaciones de cotización y tributación correspondientes.

Por tanto, las indemnizaciones y suplidos constituyen un instrumento destinado a compensar al trabajador por los gastos derivados de su actividad laboral, garantizando que estos costes no recaigan sobre el trabajador cuando se generan en el desempeño de su trabajo.

2.5.2 Prestaciones e indemnizaciones de la Seguridad Social

Las prestaciones e indemnizaciones de la Seguridad Social son cantidades económicas que perciben los trabajadores cuando se produce alguna de las situaciones protegidas por el sistema público de Seguridad Social. Estas prestaciones tienen como finalidad garantizar un nivel básico de protección económica ante determinadas contingencias que pueden afectar a la capacidad del trabajador para desempeñar su actividad laboral.

Aunque estas prestaciones pueden percibirse durante la relación laboral o como consecuencia de determinadas situaciones relacionadas con el trabajo, no tienen naturaleza salarial, ya que no constituyen una retribución por el trabajo realizado. Por este motivo, se consideran percepciones de carácter no salarial.

El sistema de Seguridad Social proporciona protección frente a diversas situaciones que pueden afectar al trabajador, tales como enfermedad, accidente, desempleo o jubilación. Cuando se produce alguna de estas situaciones, el trabajador puede acceder a determinadas prestaciones económicas que sustituyen o complementan temporalmente sus ingresos laborales.

Entre las prestaciones más habituales que pueden percibir los trabajadores se encuentran:

- Prestación por incapacidad temporal, que se concede cuando el trabajador no puede desempeñar su actividad laboral debido a una enfermedad común, enfermedad profesional o accidente laboral o no laboral. Durante este periodo, el trabajador recibe una prestación económica destinada a compensar la pérdida de ingresos.

- Prestación por maternidad o paternidad, actualmente integrada dentro de la prestación por nacimiento y cuidado del menor, que protege al trabajador durante los periodos de suspensión del contrato relacionados con el nacimiento o adopción de un hijo.

- Prestaciones por incapacidad permanente, que se conceden cuando el trabajador presenta una disminución permanente de su capacidad laboral como consecuencia de enfermedad o accidente.

▾ Prestación por desempleo, que protege a los trabajadores que pierden su empleo de forma involuntaria y cumplen los requisitos establecidos para acceder a esta ayuda económica.

Estas prestaciones pueden ser gestionadas por diferentes entidades del sistema de Seguridad Social, como el Instituto Nacional de la Seguridad Social (INSS) o el Servicio Público de Empleo Estatal (SEPE).

Estas percepciones no forman parte del salario del trabajador, ya que su finalidad es proporcionar protección económica ante determinadas situaciones de necesidad. Por este motivo, su tratamiento jurídico y fiscal es diferente al de las percepciones salariales.

2.5.3 Indemnizaciones por traslado, suspensión o despido

Las indemnizaciones por traslado, suspensión o despido son cantidades económicas que la empresa puede abonar al trabajador en determinadas situaciones relacionadas con la modificación, suspensión o extinción de la relación laboral. Estas cantidades tienen carácter compensatorio y no se consideran salario, ya que su finalidad es indemnizar al trabajador por los perjuicios derivados de determinadas decisiones empresariales o circunstancias laborales.

Estas indemnizaciones suelen producirse cuando la empresa adopta medidas que afectan de manera significativa a las condiciones de trabajo del empleado o cuando se produce la finalización de la relación laboral.

Entre las situaciones más habituales en las que pueden producirse este tipo de indemnizaciones se encuentran las siguientes:

▾ Indemnización por traslado, que puede corresponder al trabajador cuando la empresa decide trasladar su puesto de trabajo a otro centro situado en una localidad distinta y el traslado implica un cambio de residencia. En estos casos, la normativa laboral establece que el trabajador puede tener derecho a percibir una compensación por los gastos derivados del traslado.

▾ Indemnización por suspensión del contrato de trabajo, que puede producirse en determinadas situaciones previstas por la normativa laboral o por los convenios colectivos, especialmente cuando la suspensión implica determinados perjuicios económicos para el trabajador.

▸ Indemnización por despido, que se concede cuando se produce la extinción del contrato de trabajo por decisión del empresario. La cuantía de esta indemnización depende de diversos factores, como el tipo de despido, la antigüedad del trabajador en la empresa y el salario que percibía.

Las indemnizaciones por despido pueden variar según la causa de la extinción del contrato. Por ejemplo, pueden existir indemnizaciones en casos de despido objetivo, despido **improcedente** o determinadas situaciones de extinción del contrato por causas económicas, técnicas, organizativas o de producción.

Estas indemnizaciones tienen como finalidad compensar al trabajador por la pérdida de su empleo o por los perjuicios derivados de determinadas decisiones empresariales. Por este motivo, no se consideran salario y suelen tener un tratamiento específico en materia de cotización a la Seguridad Social y de tributación fiscal.

Estas indemnizaciones constituyen un mecanismo de protección para el trabajador dentro del marco de la normativa laboral, garantizando una compensación económica en situaciones que pueden afectar a su estabilidad laboral y económica.

2.5.4 Otros conceptos excluidos de cotización

Además de las indemnizaciones y de determinadas percepciones compensatorias, existen otros conceptos que, de acuerdo con la normativa de la Seguridad Social, pueden quedar excluidos total o parcialmente de la base de cotización. Estos conceptos no se consideran salario en sentido estricto o tienen una finalidad compensatoria, por lo que no siempre están sujetos a las mismas obligaciones de cotización que las percepciones salariales.

La normativa de cotización establece qué conceptos deben incluirse en la base de cotización a la Seguridad Social y cuáles pueden quedar excluidos o tener un tratamiento especial. En general, se excluyen aquellos conceptos que tienen como finalidad compensar gastos realizados por el trabajador o indemnizar determinadas situaciones derivadas de la relación laboral.

Entre los conceptos que pueden quedar excluidos de cotización, siempre dentro de los límites establecidos por la normativa, se encuentran los siguientes:

- ▼ Dietas y asignaciones para gastos de viaje, cuando el trabajador debe desplazarse fuera de su lugar habitual de trabajo y dichas cantidades se destinan a cubrir gastos de manutención, alojamiento o transporte.

- ▼ Gastos de locomoción, cuando el trabajador utiliza medios de transporte propios para realizar desplazamientos relacionados con su actividad laboral.

- ▼ Indemnizaciones por traslado, suspensión o despido, que tienen carácter compensatorio y no constituyen una retribución por el trabajo realizado.

- ▼ Prestaciones e indemnizaciones de la Seguridad Social, que tienen como finalidad proteger al trabajador ante determinadas contingencias, como enfermedad, accidente o desempleo.

- ▼ Determinadas mejoras voluntarias de la acción protectora de la Seguridad Social, cuando estas tienen carácter indemnizatorio o compensatorio.

No obstante, es importante señalar que estos conceptos solo quedan excluidos de cotización cuando se ajustan a los límites y condiciones establecidos por la normativa vigente. Si las cantidades abonadas superan dichos límites o no se corresponden con gastos justificados, pueden ser consideradas percepciones salariales y, por tanto, quedar sujetas a cotización.

La identificación de los conceptos excluidos de cotización es fundamental para garantizar el cumplimiento de las obligaciones laborales y para evitar posibles errores en la gestión de las nóminas y de las cotizaciones a la Seguridad Social.

3

Cotización al régimen general de la seguridad social

La cotización al Régimen General de la Seguridad Social es el conjunto de aportaciones económicas que deben realizar tanto las empresas como los trabajadores para financiar el sistema público de protección social. Estas aportaciones permiten sostener el funcionamiento del sistema de Seguridad Social y garantizar el acceso a diversas prestaciones económicas y sanitarias.

El sistema de cotización tiene como finalidad principal asegurar que los trabajadores dispongan de una protección adecuada frente a determinadas contingencias, como la enfermedad, los accidentes de trabajo, el desempleo, la jubilación o la incapacidad laboral.

Dentro del Régimen General de la Seguridad Social, la obligación de cotizar recae tanto sobre el empresario como sobre el trabajador. La empresa es la responsable de ingresar las cotizaciones correspondientes ante la Tesorería General de la Seguridad Social, aunque una parte de estas cotizaciones corresponde al trabajador y se descuenta directamente de su salario.

La cotización se calcula a partir de la base de cotización, que se determina teniendo en cuenta las percepciones salariales que recibe el trabajador y otros conceptos establecidos por la normativa. Sobre esta base se aplican diferentes tipos de cotización que se destinan a financiar distintas prestaciones del sistema.

Entre las principales contingencias que se financian mediante las cotizaciones a la Seguridad Social se encuentran:

- ▶ Contingencias comunes, que cubren situaciones como enfermedad común, accidente no laboral, maternidad o jubilación.

- ▶ Contingencias profesionales, que incluyen los accidentes de trabajo y las enfermedades profesionales.

- ▶ Desempleo, que protege al trabajador cuando pierde su empleo de forma involuntaria.

- ▶ Formación profesional, destinada a financiar programas de formación para mejorar la cualificación de los trabajadores.

- ▶ Fondo de Garantía Salarial (FOGASA), que garantiza el pago de determinados salarios o indemnizaciones cuando la empresa no puede hacer frente a sus obligaciones.

El sistema de cotización constituye un elemento fundamental del modelo de protección social, ya que permite financiar las prestaciones que garantizan la seguridad económica de los trabajadores a lo largo de su vida laboral y en situaciones de necesidad.

La gestión de las cotizaciones es una responsabilidad esencial dentro de la administración laboral de las empresas, ya que asegura el cumplimiento de las obligaciones legales y garantiza que los trabajadores puedan acceder a las prestaciones del sistema de Seguridad Social cuando se produzcan las contingencias protegidas.

3.1 COTIZACIÓN DE EMPRESA Y TRABAJADOR

La cotización a la Seguridad Social es el sistema mediante el cual se financia el conjunto de prestaciones económicas y sociales que ofrece el sistema público de protección social. En el Régimen General de la Seguridad Social, la obligación de cotizar recae tanto en la empresa como en el trabajador, ya que ambos deben contribuir al sostenimiento del sistema mediante aportaciones económicas.

La empresa tiene la responsabilidad principal en el proceso de cotización. Es la encargada de calcular las cuotas correspondientes, descontar la parte que corresponde al trabajador de su salario e ingresar el importe total en la Tesorería General de la Seguridad Social dentro de los plazos establecidos por la normativa.

La cotización se calcula aplicando determinados tipos o porcentajes de cotización sobre la base de cotización del trabajador. Estas aportaciones se destinan a financiar distintas contingencias y prestaciones del sistema de Seguridad Social.

Las cuotas que se ingresan a la Seguridad Social se dividen en dos partes:

- Aportación empresarial, que es la cantidad que la empresa debe abonar directamente por cada trabajador contratado.

- Aportación del trabajador, que se descuenta de su salario en el recibo de salarios o nómina.

Ambas aportaciones se suman para formar la **cuota total de cotización**, que la empresa debe ingresar mensualmente a la Seguridad Social.

Las cotizaciones permiten financiar diferentes prestaciones del sistema de protección social, entre las que se encuentran:

- Prestaciones por enfermedad común y accidente no laboral.

- Prestaciones por accidentes de trabajo y enfermedades profesionales.

- Prestaciones por desempleo.

- Prestaciones por jubilación.

- Prestaciones por incapacidad permanente o temporal.

- Programas de formación profesional para el empleo.

De esta forma, el sistema de cotización garantiza la protección económica de los trabajadores frente a diferentes situaciones que pueden afectar a su vida laboral o personal.

3.1.1 Elementos de cotización

Los elementos de cotización son los factores que intervienen en el cálculo de las cuotas que deben ingresar la empresa y el trabajador a la Seguridad Social. Estos elementos permiten determinar la cuantía de las aportaciones que se deben realizar para financiar el sistema de protección social.

El cálculo de la cotización se basa fundamentalmente en tres elementos principales:

Base de cotización

La base de cotización es la cantidad económica sobre la que se aplican los tipos de cotización para determinar el importe de las cuotas que deben ingresarse a la Seguridad Social.

Esta base se calcula teniendo en cuenta las percepciones salariales del trabajador, como el salario base, los complementos salariales, las pagas extraordinarias y otros conceptos retributivos que forman parte del salario.

La normativa establece además bases mínimas y máximas de cotización, que limitan la cantidad sobre la que se aplican los tipos de cotización.

Tipo de cotización

El tipo de cotización es el porcentaje que se aplica sobre la base de cotización para determinar el importe de las cuotas que deben ingresarse a la Seguridad Social.

Estos porcentajes pueden variar según el tipo de contingencia que se esté financiando, ya que existen diferentes tipos de cotización destinados a cubrir distintas prestaciones del sistema.

Entre los principales tipos de cotización se encuentran:

- Cotización por contingencias comunes.
- Cotización por contingencias profesionales.
- Cotización por desempleo.
- Cotización por formación profesional.
- Cotización al Fondo de Garantía Salarial (FOGASA).

Cuota de cotización

La cuota de cotización es el resultado de aplicar el tipo de cotización correspondiente sobre la base de cotización del trabajador.

Esta cuota representa la cantidad que debe ingresarse en la Seguridad Social para financiar las prestaciones del sistema. Como se ha indicado anteriormente, la cuota total se divide en dos partes: la aportación empresarial y la aportación del trabajador.

La determinación de estos elementos de cotización es fundamental para garantizar el cumplimiento de las obligaciones legales de la empresa y para asegurar que los trabajadores estén adecuadamente protegidos dentro del sistema de Seguridad Social.

3.1.2 Grupos de cotización

Los grupos de cotización son categorías establecidas por la Seguridad Social que permiten clasificar a los trabajadores en función de su categoría profesional y del tipo de trabajo que desempeñan. Esta clasificación es fundamental para determinar las bases de cotización aplicables y, en consecuencia, calcular las cuotas que deben ingresarse al sistema de Seguridad Social.

Cada trabajador que se incorpora a una empresa debe ser encuadrado en un **grupo de cotización**, lo que permite establecer las bases mínimas y máximas sobre las que se calcularán sus cotizaciones. Esta clasificación se basa principalmente en el nivel de cualificación profesional, en la categoría laboral y en las funciones que realiza el trabajador dentro de la organización.

En el Régimen General de la Seguridad Social existen once grupos de cotización, que agrupan a los trabajadores según su nivel profesional y su posición dentro de la estructura laboral. De forma general, estos grupos son los siguientes:

1. **Ingenieros y licenciados. Personal de alta dirección no incluido en el artículo 1.3.c del Estatuto de los Trabajadores.**

2. **Ingenieros técnicos, peritos y ayudantes titulados.**

3. **Jefes administrativos y de taller.**

4. **Ayudantes no titulados.**

5. **Oficiales administrativos.**

6. **Subalternos.**

7. **Auxiliares administrativos.**

8. **Oficiales de primera y segunda.**

9. **Oficiales de tercera y especialistas.**

10. **Peones.**

11. **Trabajadores menores de dieciocho años, cualquiera que sea su categoría profesional.**

Cada grupo de cotización tiene asociadas bases mínimas y máximas de cotización, que determinan los límites dentro de los cuales debe situarse la base de cotización del trabajador.

La asignación del grupo de cotización es importante porque influye en el cálculo de las cuotas de la Seguridad Social y en la determinación de determinadas prestaciones, como las pensiones o las prestaciones por incapacidad.

3.1.3 Bases de cotización

Las bases de cotización son las cantidades económicas sobre las que se aplican los diferentes tipos de cotización para calcular las cuotas que deben ingresar la empresa y el trabajador a la Seguridad Social.

En términos generales, la base de cotización está formada por el conjunto de percepciones salariales que recibe el trabajador, incluyendo el salario base, los complementos salariales, las pagas extraordinarias prorrateadas y otros conceptos retributivos que forman parte del salario.

No obstante, no todas las percepciones que aparecen en la nómina se incluyen necesariamente en la base de cotización. Algunos conceptos, como determinadas indemnizaciones o compensaciones por gastos, pueden estar

excluidos de cotización, siempre que se ajusten a los límites establecidos por la normativa vigente.

La normativa de la Seguridad Social establece bases mínimas y máximas de cotización, que determinan los límites dentro de los cuales debe situarse la base de cotización del trabajador.

- ▼ Base mínima de cotización: es la cantidad mínima sobre la que deben calcularse las cotizaciones, incluso aunque el salario del trabajador sea inferior a dicha cuantía.

- ▼ Base máxima de cotización: es el límite máximo sobre el cual se aplican los tipos de cotización, aunque el salario real del trabajador sea superior.

Estas bases se actualizan periódicamente mediante disposiciones legales y pueden variar en función del grupo de cotización al que pertenezca el trabajador.

La base de cotización es un elemento fundamental dentro del sistema de Seguridad Social, ya que determina tanto la cuantía de las cotizaciones que se deben ingresar como el importe de muchas prestaciones económicas a las que el trabajador puede tener derecho en el futuro, como las prestaciones por incapacidad, desempleo o jubilación.

3.1.4 Tipos de cotización

Los tipos de cotización son los porcentajes que se aplican sobre la base de cotización del trabajador para calcular el importe de las cuotas que deben ingresar tanto la empresa como el trabajador al sistema de Seguridad Social. Estos porcentajes determinan la cuantía de las aportaciones económicas destinadas a financiar las distintas prestaciones del sistema de protección social.

El tipo de cotización varía en función de la contingencia que se esté financiando, ya que el sistema de Seguridad Social cubre diferentes situaciones que pueden afectar al trabajador a lo largo de su vida laboral, como enfermedad, desempleo, accidentes laborales o jubilación.

Dentro del Régimen General de la Seguridad Social, las cotizaciones se distribuyen entre diferentes conceptos o contingencias, cada uno de los cuales tiene asignado un porcentaje específico. Además, el coste de estas cotizaciones se reparte entre la empresa y el trabajador, de modo que ambos contribuyen al sostenimiento del sistema.

Entre los principales tipos de cotización se encuentran los siguientes:

- Cotización por contingencias comunes, destinada a financiar prestaciones relacionadas con situaciones como enfermedad común, accidente no laboral, maternidad, paternidad, incapacidad permanente o jubilación.

- Cotización por contingencias profesionales, que cubre los riesgos derivados de accidentes de trabajo y enfermedades profesionales. En este caso, la cotización corre generalmente a cargo exclusivo de la empresa.

- Cotización por desempleo, que financia las prestaciones económicas destinadas a los trabajadores que pierden su empleo de forma involuntaria.

- Cotización para formación profesional, destinada a financiar programas de formación que permiten mejorar la cualificación profesional de los trabajadores.

- Cotización al Fondo de Garantía Salarial (FOGASA), que garantiza el pago de determinados salarios e indemnizaciones cuando la empresa no puede hacer frente a sus obligaciones por encontrarse en situación de insolvencia o concurso de acreedores.

Los tipos de cotización pueden modificarse periódicamente mediante disposiciones legales, ya que dependen de las decisiones adoptadas por las autoridades competentes en materia de política laboral y de protección social.

La aplicación correcta de estos tipos de cotización es fundamental para garantizar el adecuado funcionamiento del sistema de Seguridad Social y para asegurar que los trabajadores puedan acceder a las prestaciones económicas previstas por la normativa.

3.2 DOCUMENTOS DE LIQUIDACIÓN DE CUOTAS

Los documentos de liquidación de cuotas son los formularios y registros utilizados por las empresas para declarar y efectuar el ingreso de las cotizaciones correspondientes a la Seguridad Social. Estos documentos permiten comunicar a la Tesorería General de la Seguridad Social la información relativa a las bases de cotización de los trabajadores y a las cuotas que deben abonarse.

La elaboración y presentación de estos documentos constituye una obligación fundamental para las empresas, ya que garantiza el cumplimiento de sus responsabilidades en materia de cotización y permite mantener actualizada la información sobre la situación laboral de los trabajadores.

Tradicionalmente, la liquidación de cuotas se realizaba mediante diferentes documentos oficiales, en los que se reflejaban los datos necesarios para calcular e ingresar las cotizaciones correspondientes a cada periodo de liquidación.

Entre los documentos más conocidos relacionados con la liquidación de cuotas se encuentran:

▸ Relación nominal de trabajadores, en la que se incluyen los datos identificativos de los trabajadores y las bases de cotización correspondientes a cada uno de ellos.

▸ Boletín de cotización, que recoge el resumen de las cuotas que deben ingresarse a la Seguridad Social por parte de la empresa.

En la actualidad, estos procedimientos se realizan principalmente a través de sistemas electrónicos de comunicación con la Seguridad Social, como el Sistema RED, que permite a las empresas transmitir de forma telemática la información relativa a las cotizaciones y efectuar el ingreso de las cuotas correspondientes.

Los documentos de liquidación de cuotas son esenciales para el funcionamiento del sistema de Seguridad Social, ya que permiten garantizar la correcta recaudación de las cotizaciones y asegurar que los trabajadores estén adecuadamente protegidos frente a las diferentes contingencias cubiertas por el sistema.

3.2.1 Documento de ingreso modelo TC1

El modelo TC1, denominado tradicionalmente Boletín de cotización a la Seguridad Social, era el documento utilizado por las empresas para realizar el ingreso de las cuotas correspondientes al Régimen General de la Seguridad Social. En este documento se reflejaba el importe total de las cotizaciones que la empresa debía abonar por sus trabajadores durante un determinado periodo de liquidación, normalmente mensual.

El modelo TC1 constituía un documento de carácter resumen, en el que se incluía la información global relativa a las cuotas que debían ingresarse a la Seguridad Social. En él se recogían las cantidades resultantes de aplicar los tipos de cotización correspondientes a las bases de cotización de los trabajadores.

Entre los principales datos que se incluían en el modelo TC1 se encontraban los siguientes:

- ▼ Datos identificativos de la empresa, como el nombre o razón social, el número de identificación fiscal y el código de cuenta de cotización asignado por la Seguridad Social.

- ▼ Periodo de liquidación, que indicaba el mes o periodo al que correspondían las cotizaciones.

- ▼ Bases de cotización totales, correspondientes al conjunto de trabajadores de la empresa.

- ▼ Cuotas correspondientes a cada contingencia, como contingencias comunes, desempleo, formación profesional y Fondo de Garantía Salarial.

- ▼ Importe total de las cuotas a ingresar, que incluía tanto la aportación de la empresa como la parte correspondiente al trabajador.

El modelo TC1 se utilizaba junto con otros documentos de cotización para completar el proceso de liquidación de cuotas a la Seguridad Social.

El uso de este documento ha sido sustituido por sistemas electrónicos de liquidación, especialmente mediante el Sistema RED de la Seguridad Social, que permite a las empresas realizar las declaraciones y los pagos de cotizaciones de forma telemática. No obstante, el modelo TC1 sigue siendo una referencia importante para comprender el funcionamiento tradicional del sistema de cotización.

3.2.2 Relación nominal de trabajadores modelos TC2

El modelo TC2, conocido como Relación nominal de trabajadores, era el documento que acompañaba al modelo TC1 y en el que se incluía la información detallada de cada uno de los trabajadores por los que la empresa debía cotizar a la Seguridad Social.

Mientras que el modelo TC1 recogía el resumen global de las cuotas a ingresar, el modelo TC2 contenía los datos individuales de cada trabajador, permitiendo identificar las bases de cotización y las situaciones laborales correspondientes a cada empleado.

En el modelo TC2 se incluían diversos datos relacionados con los trabajadores de la empresa durante el periodo de liquidación. Entre los principales datos que aparecían en este documento se encontraban:

▼ Datos identificativos del trabajador, como nombre y apellidos, número de afiliación a la Seguridad Social y documento de identidad.

▼ Grupo de cotización, que determina las bases mínimas y máximas aplicables al trabajador.

▼ Número de días cotizados en el periodo, que permite calcular las bases de cotización correspondientes.

▼ Bases de cotización por contingencias comunes y profesionales, sobre las que se aplican los tipos de cotización correspondientes.

▼ Situaciones especiales de cotización, como incapacidad temporal, suspensión del contrato o reducciones de jornada.

El modelo TC2 permitía a la Tesorería General de la Seguridad Social verificar la situación de cada trabajador y controlar correctamente las cotizaciones realizadas por la empresa.

Al igual que ocurre con el modelo TC1, el modelo TC2 ha sido sustituido en gran medida por procedimientos electrónicos dentro del Sistema RED, que permite transmitir de forma telemática la información relativa a los trabajadores y a sus bases de cotización.

A pesar de ello, el conocimiento de estos modelos sigue siendo relevante desde el punto de vista formativo, ya que permiten comprender la estructura y el funcionamiento del sistema tradicional de liquidación de cuotas a la Seguridad Social.

3.2.3 Otros documentos de cotización

Además de los modelos tradicionales **TC1** y **TC2**, existen otros documentos y procedimientos relacionados con la gestión y liquidación de las cotizaciones a la Seguridad Social. Estos documentos permiten completar la información necesaria para el cálculo, declaración e ingreso de las cuotas correspondientes a los trabajadores incluidos en el sistema.

Con la evolución de los sistemas administrativos y el desarrollo de las tecnologías de la información, muchos de estos documentos han sido sustituidos por procedimientos electrónicos, especialmente a través del **Sistema RED (Remisión Electrónica de Datos)** de la Seguridad Social, que permite a las empresas comunicar de forma telemática la información relativa a las cotizaciones y a la situación laboral de los trabajadores.

Entre los documentos y comunicaciones más relevantes relacionados con la cotización a la Seguridad Social se encuentran los siguientes:

- ▶ Documentos de afiliación, alta, baja y variación de datos de los trabajadores, que permiten comunicar a la Seguridad Social la incorporación de nuevos trabajadores a la empresa, la finalización de su relación laboral o cualquier modificación relevante en su situación laboral.

- ▶ Documentos de comunicación de bases de cotización, en los que se incluyen los datos necesarios para calcular las cuotas correspondientes a cada trabajador.

- ▶ Justificantes de ingreso de cuotas, que acreditan que la empresa ha efectuado el pago de las cotizaciones correspondientes dentro de los plazos establecidos.

▸ **Documentos relacionados con situaciones especiales de cotización**, como los partes de incapacidad temporal, las comunicaciones de suspensión del contrato de trabajo o las reducciones de jornada.

Estos documentos permiten mantener actualizada la información sobre la situación laboral de los trabajadores y garantizan el correcto funcionamiento del sistema de cotización a la Seguridad Social.

La mayoría de estas gestiones se realizan de forma **electrónica**, lo que facilita la comunicación entre las empresas y la Tesorería General de la Seguridad Social y permite agilizar los procedimientos administrativos.

3.3 CÁLCULO Y LIQUIDACIÓN DE COTIZACIONES

El cálculo y la liquidación de cotizaciones constituyen el proceso mediante el cual se determinan las cantidades que la empresa y el trabajador deben ingresar al sistema de Seguridad Social en concepto de cotizaciones.

Este proceso forma parte de la gestión administrativa de los recursos humanos dentro de la empresa y tiene como objetivo garantizar que se realicen correctamente las aportaciones económicas destinadas a financiar el sistema de protección social.

El cálculo de las cotizaciones se realiza a partir de varios elementos fundamentales, entre los que se encuentran:

▸ La base de cotización del trabajador, que se obtiene a partir de las percepciones salariales incluidas en la nómina.

▸ Los tipos de cotización aplicables, que varían en función de las diferentes contingencias cubiertas por el sistema de Seguridad Social.

▸ El grupo de cotización del trabajador, que determina las bases mínimas y máximas aplicables.

Una vez determinada la base de cotización, se aplican los **porcentajes de cotización correspondientes** para calcular las cuotas que deben ingresar la empresa y el trabajador.

El resultado de este cálculo es la **cuota de cotización**, que se divide en dos partes:

- ▼ Cuota empresarial, que corresponde a la aportación que debe realizar la empresa.

- ▼ Cuota del trabajador, que se descuenta directamente del salario del trabajador en el recibo de salarios.

Posteriormente, la empresa debe proceder a la **liquidación de las cotizaciones**, que consiste en declarar e ingresar las cuotas correspondientes a la Seguridad Social dentro de los plazos establecidos por la normativa.

Este proceso se realiza generalmente **de forma mensual** y debe llevarse a cabo mediante los sistemas electrónicos habilitados por la Tesorería General de la Seguridad Social.

La realización del cálculo y de la liquidación de cotizaciones es fundamental para garantizar el cumplimiento de las obligaciones legales de la empresa y para asegurar que los trabajadores estén debidamente protegidos dentro del sistema de Seguridad Social.

3.3.1 Contingencias comunes

Las contingencias comunes son aquellas situaciones que pueden afectar al trabajador y que no están directamente relacionadas con el desempeño de su actividad laboral. Estas contingencias forman parte del sistema de protección social de la Seguridad Social y tienen como finalidad garantizar una cobertura económica y sanitaria cuando se producen determinadas circunstancias que impiden al trabajador desarrollar su actividad profesional con normalidad.

Las contingencias comunes incluyen principalmente situaciones derivadas de enfermedades comunes y accidentes no laborales, es decir, aquellos problemas de salud que no tienen su origen en el trabajo realizado por el trabajador.

Las cotizaciones destinadas a financiar estas contingencias permiten cubrir diversas prestaciones del sistema de Seguridad Social, entre las que se encuentran:

▶ Prestación por incapacidad temporal, cuando el trabajador no puede desempeñar su trabajo debido a una enfermedad común o a un accidente que no esté relacionado con su actividad laboral.

▶ Prestación por incapacidad permanente, cuando el trabajador presenta una disminución permanente de su capacidad laboral como consecuencia de enfermedad o accidente no laboral.

▶ Prestaciones por maternidad y paternidad, actualmente integradas dentro de la prestación por nacimiento y cuidado del menor.

▶ Prestaciones por jubilación, que se conceden cuando el trabajador alcanza la edad establecida para finalizar su vida laboral.

▶ Prestaciones por muerte y supervivencia, como las pensiones de viudedad u orfandad.

La cotización por contingencias comunes se calcula aplicando el tipo de cotización correspondiente sobre la base de cotización del trabajador. El importe resultante se divide entre la aportación de la empresa y la aportación del trabajador, de modo que ambos contribuyen al sostenimiento del sistema de protección social.

Estas cotizaciones constituyen una parte fundamental del sistema de Seguridad Social, ya que permiten financiar prestaciones que garantizan la protección económica de los trabajadores y de sus familias en diferentes situaciones de necesidad.

3.3.2 Accidentes de trabajo y enfermedades profesionales

Los accidentes de trabajo y las enfermedades profesionales forman parte de las denominadas contingencias profesionales, es decir, aquellas situaciones que se producen como consecuencia directa del trabajo realizado por el trabajador.

Estas contingencias están relacionadas con los riesgos derivados de la actividad laboral y tienen como finalidad proteger al trabajador frente a posibles daños o enfermedades que puedan surgir como consecuencia del desempeño de su trabajo.

Se considera accidente de trabajo cualquier lesión corporal que el trabajador sufra con ocasión o como consecuencia del trabajo que realiza por cuenta ajena. Este concepto incluye tanto los accidentes que se producen dentro del centro de trabajo como aquellos que ocurren durante el desplazamiento habitual entre el domicilio del trabajador y el lugar de trabajo, conocidos como accidentes "in itinere".

Por otro lado, se entiende por enfermedad profesional aquella que se contrae como consecuencia del trabajo realizado y que está incluida en el cuadro oficial de enfermedades profesionales establecido por la normativa laboral. Estas enfermedades suelen estar relacionadas con la exposición a determinados agentes físicos, químicos o biológicos presentes en el entorno laboral.

Las cotizaciones destinadas a cubrir estas contingencias permiten financiar diversas prestaciones del sistema de Seguridad Social, como por ejemplo:

- ▼ Prestaciones por incapacidad temporal derivada de accidente de trabajo o enfermedad profesional.

- ▼ Prestaciones por incapacidad permanente, cuando las secuelas del accidente o de la enfermedad afectan de forma duradera a la capacidad laboral del trabajador.

- ▼ Indemnizaciones por lesiones permanentes no invalidantes.

- ▼ Prestaciones por muerte y supervivencia, en caso de fallecimiento del trabajador como consecuencia de un accidente laboral o enfermedad profesional.

A diferencia de otras contingencias, la cotización por accidentes de trabajo y enfermedades profesionales corresponde exclusivamente a la empresa, ya que es el empresario quien debe asumir la responsabilidad de proteger la seguridad y la salud de los trabajadores en el entorno laboral.

El tipo de cotización aplicable a estas contingencias puede variar en función de la actividad económica de la empresa, ya que determinados sectores presentan mayores riesgos laborales que otros.

La protección frente a accidentes de trabajo y enfermedades profesionales constituye un elemento esencial del sistema de Seguridad Social, ya que garantiza que los trabajadores reciban la asistencia y las prestaciones necesarias cuando sufren daños derivados de su actividad laboral.

3.3.3 Otras cotizaciones

Además de las cotizaciones destinadas a cubrir las **contingencias comunes** y las **contingencias profesionales**, existen otras cotizaciones que forman parte del sistema de Seguridad Social y que tienen como finalidad financiar diferentes prestaciones y servicios relacionados con el ámbito laboral.

Estas cotizaciones complementarias permiten ampliar la protección social de los trabajadores y garantizar el funcionamiento de determinados organismos y programas vinculados al mercado de trabajo.

Entre las principales cotizaciones adicionales que se aplican en el Régimen General de la Seguridad Social se encuentran las siguientes:

Cotización por desempleo

La cotización por desempleo tiene como finalidad financiar las prestaciones económicas destinadas a los trabajadores que pierden su empleo de forma involuntaria. Estas prestaciones permiten al trabajador disponer de ingresos durante el periodo en el que se encuentra en situación de desempleo y busca una nueva ocupación.

La cotización por desempleo se aplica sobre la base de cotización correspondiente y su importe se reparte entre la empresa y el trabajador.

Cotización para formación profesional

La cotización para formación profesional tiene como objetivo financiar programas de formación destinados a mejorar la cualificación de los trabajadores y facilitar su adaptación a las necesidades del mercado laboral.

Estos recursos permiten desarrollar acciones formativas que favorecen la mejora de las competencias profesionales, la actualización de conocimientos y la mejora de la empleabilidad de los trabajadores.

Cotización al Fondo de Garantía Salarial (FOGASA)

El **Fondo de Garantía Salarial (FOGASA)** es un organismo público que garantiza el pago de determinados salarios e indemnizaciones a los trabajadores cuando la empresa no puede hacer frente a sus obligaciones debido a una situación de insolvencia o concurso de acreedores.

La cotización destinada a este fondo es asumida exclusivamente por la empresa y se calcula aplicando el tipo correspondiente sobre la base de cotización del trabajador.

Estas cotizaciones complementarias contribuyen a reforzar el sistema de protección social y permiten garantizar que los trabajadores dispongan de apoyo económico y formativo en diferentes situaciones relacionadas con su actividad laboral.

3.3.4 Bonificaciones y subvenciones

Las bonificaciones y subvenciones son incentivos económicos que las administraciones públicas conceden a las empresas con el objetivo de fomentar el empleo, facilitar la contratación de determinados colectivos de trabajadores y promover el desarrollo del mercado laboral.

Estos incentivos pueden consistir en reducciones o bonificaciones en las cuotas de cotización a la Seguridad Social, lo que supone una disminución del coste laboral que la empresa debe asumir por la contratación de determinados trabajadores.

Las bonificaciones suelen aplicarse en función de diferentes criterios relacionados con la política de empleo y con las características del trabajador contratado.

Entre las situaciones más habituales en las que pueden aplicarse bonificaciones o subvenciones se encuentran:

▶ Contratación de jóvenes, especialmente en el marco de programas de fomento del empleo juvenil.

▶ Contratación de personas con discapacidad, con el objetivo de facilitar su integración en el mercado laboral.

▶ Contratación de personas desempleadas de larga duración, que presentan mayores dificultades para acceder al empleo.

▶ Transformación de contratos temporales en contratos indefinidos, con el fin de fomentar la estabilidad en el empleo.

▶ Contratación en determinados sectores o actividades económicas, cuando existen programas específicos de promoción del empleo.

Las bonificaciones suelen aplicarse como reducciones en las cuotas de cotización que la empresa debe ingresar a la Seguridad Social, mientras que las subvenciones pueden consistir en ayudas económicas directas destinadas a incentivar la contratación.

La aplicación de estas medidas está regulada por la normativa laboral y por las políticas públicas de empleo, y su concesión suele estar condicionada al cumplimiento de determinados requisitos establecidos por las administraciones competentes.

Las bonificaciones y subvenciones constituyen un instrumento importante de política laboral, ya que contribuyen a fomentar la creación de empleo, facilitar la inserción laboral de colectivos con mayores dificultades y promover la estabilidad en el mercado de trabajo.

3.3.5 Compensaciones y deducciones

En el proceso de cálculo y liquidación de las cotizaciones a la Seguridad Social pueden aplicarse compensaciones y deducciones que afectan al importe final que la empresa debe ingresar en concepto de cuotas. Estas operaciones permiten ajustar el importe de las cotizaciones teniendo en cuenta determinadas situaciones previstas por la normativa laboral y de Seguridad Social.

Las compensaciones consisten en la posibilidad de que la empresa descuente de las cuotas a ingresar determinadas cantidades que ha abonado previamente al trabajador por cuenta de la Seguridad Social. Esto ocurre, por ejemplo, cuando la empresa paga directamente al trabajador ciertas prestaciones que posteriormente pueden compensarse con las cuotas de cotización.

Uno de los casos más habituales de compensación se produce cuando el trabajador se encuentra en situación de incapacidad temporal. En estos casos, la empresa puede adelantar al trabajador el importe de la prestación económica correspondiente y posteriormente compensar dicha cantidad en los documentos de cotización que presenta a la Seguridad Social.

Por otro lado, las deducciones se refieren a reducciones en las cuotas que deben ingresarse, derivadas generalmente de la aplicación de bonificaciones o reducciones establecidas por la normativa laboral. Estas deducciones pueden aplicarse cuando la empresa se beneficia de programas de incentivo a la contratación o de medidas destinadas a fomentar el empleo de determinados colectivos.

Entre las situaciones más habituales en las que pueden aplicarse compensaciones o deducciones se encuentran:

- Prestaciones por incapacidad temporal abonadas por la empresa en régimen de pago delegado.

- Bonificaciones en las cuotas de la Seguridad Social por contratación de determinados colectivos.

- Reducciones en las cotizaciones aplicables en determinados programas de fomento del empleo.

- Compensaciones por determinadas prestaciones o situaciones previstas en la normativa.

Estas operaciones permiten ajustar el importe final de las cuotas que la empresa debe ingresar, garantizando que las cotizaciones reflejen correctamente las circunstancias laborales de cada periodo de liquidación.

3.3.6 Cálculo de importes a ingresar o percibir

El cálculo de los importes a ingresar o percibir constituye la fase final del proceso de liquidación de cotizaciones a la Seguridad Social. En esta etapa se determina el resultado final del proceso de cotización, teniendo en cuenta las bases de cotización, los tipos aplicables y las posibles compensaciones o deducciones.

El proceso de cálculo se realiza siguiendo una serie de pasos que permiten determinar con precisión el importe que la empresa debe ingresar a la Seguridad Social o, en algunos casos, la cantidad que puede compensar o recuperar.

Los pasos fundamentales para calcular el importe final son los siguientes:

1. Determinación de las bases de cotización correspondientes a cada trabajador, teniendo en cuenta sus percepciones salariales y los límites establecidos por la normativa.

2. Aplicación de los tipos de cotización correspondientes a cada contingencia, como contingencias comunes, contingencias profesionales, desempleo, formación profesional y Fondo de Garantía Salarial.

3. Cálculo de las cuotas de cotización, que resultan de aplicar los porcentajes correspondientes sobre las bases de cotización.

4. Aplicación de compensaciones y deducciones, cuando proceda, en función de las situaciones previstas por la normativa o de las bonificaciones aplicables.

Una vez realizadas estas operaciones, se obtiene el **importe final de las cuotas**, que puede dar lugar a dos posibles situaciones:

▶ **Importe a ingresar**, cuando la empresa debe efectuar el pago correspondiente a la Seguridad Social.

▶ **Importe a compensar o deducir en liquidaciones posteriores**, cuando las cantidades compensadas superan el importe de las cuotas correspondientes al periodo.

El resultado final de este proceso se comunica a la Tesorería General de la Seguridad Social mediante los sistemas electrónicos habilitados para la gestión de cotizaciones.

El correcto cálculo de los importes a ingresar o percibir es fundamental para garantizar el cumplimiento de las obligaciones de la empresa en materia de Seguridad Social y para asegurar que las cotizaciones se ajusten a la normativa vigente.

3.3.7 Clases de liquidación y claves de control

Dentro del sistema de cotización a la Seguridad Social existen diferentes clases de liquidación, que permiten identificar el tipo de cotización que se está realizando en cada caso. Estas clases de liquidación se utilizan para clasificar las distintas situaciones que pueden darse en la relación laboral y para facilitar el control administrativo de las cuotas que deben ingresarse.

Las clases de liquidación permiten diferenciar, por ejemplo, entre cotizaciones ordinarias correspondientes a trabajadores en situación normal de actividad y cotizaciones relacionadas con situaciones especiales, como procesos de incapacidad temporal, contratos a tiempo parcial, liquidaciones complementarias o regularizaciones de cotización.

Cada clase de liquidación se identifica mediante una **clave o código específico**, que se utiliza en los sistemas de gestión de la Seguridad Social para registrar y controlar las operaciones de cotización. Estas claves permiten a la Tesorería General de la Seguridad Social identificar con precisión el tipo de liquidación que se está realizando y verificar que las cotizaciones se ajustan a la normativa vigente.

Entre las principales clases de liquidación pueden encontrarse las siguientes:

- ◤ **Liquidación ordinaria**, que corresponde a las cotizaciones habituales que las empresas deben ingresar mensualmente por sus trabajadores.

- ◤ **Liquidaciones complementarias**, que se utilizan para corregir o regularizar cotizaciones correspondientes a periodos anteriores.

▶ **Liquidaciones por diferencias de cotización**, cuando es necesario ajustar las cuotas previamente declaradas debido a cambios en las bases de cotización o en los tipos aplicables.

▶ **Liquidaciones derivadas de situaciones especiales**, como incapacidad temporal, maternidad, suspensión del contrato o determinadas situaciones administrativas.

Las claves de control asociadas a estas liquidaciones permiten identificar las circunstancias concretas que afectan a la cotización y facilitan el seguimiento de las operaciones realizadas por las empresas.

El uso correcto de estas claves es fundamental para garantizar que las cotizaciones se registren adecuadamente y para evitar errores en la gestión administrativa de las cuotas de la Seguridad Social.

3.3.8 Plazos para el ingreso de cuotas

El ingreso de las cuotas de cotización a la Seguridad Social debe realizarse dentro de los plazos establecidos por la normativa vigente. El cumplimiento de estos plazos es una obligación legal para las empresas y resulta fundamental para garantizar el correcto funcionamiento del sistema de protección social.

Con carácter general, las empresas deben ingresar las cuotas correspondientes a cada periodo de liquidación de forma mensual. El periodo de liquidación suele coincidir con el mes natural en el que se han devengado los salarios de los trabajadores.

El plazo para efectuar el ingreso de las cuotas se sitúa normalmente dentro del mes siguiente al periodo de liquidación. Esto significa que las cotizaciones correspondientes a un determinado mes deben ingresarse durante el mes inmediatamente posterior.

Por ejemplo, las cotizaciones correspondientes al mes de enero deberán ingresarse durante el mes de febrero.

El proceso de ingreso de cuotas se realiza actualmente a través de sistemas electrónicos, especialmente mediante el **Sistema RED de la**

Seguridad Social, que permite a las empresas comunicar las bases de cotización y efectuar el pago de las cuotas de forma telemática.

El incumplimiento de los plazos establecidos puede dar lugar a la aplicación de recargos, intereses o sanciones, dependiendo de la situación concreta y del tiempo transcurrido desde la finalización del plazo de ingreso.

Por este motivo, es fundamental que las empresas gestionen correctamente los procesos de cálculo y liquidación de cotizaciones y que realicen los ingresos dentro de los plazos establecidos por la normativa.

El cumplimiento de estas obligaciones garantiza que los trabajadores mantengan su protección dentro del sistema de Seguridad Social y que puedan acceder a las prestaciones correspondientes cuando se produzcan las contingencias cubiertas por el sistema.

4

Impuesto sobre la renta de las personas físicas (IRPF)

El Impuesto sobre la Renta de las Personas Físicas (IRPF) es un tributo de carácter personal y directo que grava la renta obtenida por las personas físicas a lo largo de un periodo determinado, generalmente el año natural. Este impuesto constituye uno de los principales instrumentos del sistema fiscal y tiene como finalidad contribuir al sostenimiento de los gastos públicos de acuerdo con la capacidad económica de cada contribuyente.

En el ámbito laboral, el IRPF afecta de forma directa a los rendimientos del trabajo, es decir, a las retribuciones que perciben los trabajadores por la prestación de sus servicios dentro de una relación laboral. Estas retribuciones incluyen el salario base, los complementos salariales, las pagas extraordinarias, las horas extraordinarias y otras percepciones económicas derivadas del trabajo.

El sistema del IRPF se basa en el principio de progresividad, lo que significa que el tipo impositivo aumenta a medida que aumenta la renta del contribuyente. De esta forma, quienes perciben mayores ingresos contribuyen en mayor medida al sostenimiento del sistema fiscal.

En el caso de los trabajadores por cuenta ajena, el IRPF se aplica mediante un sistema de retenciones a cuenta, que consiste en que la empresa descuenta una parte del salario del trabajador en cada nómina y la ingresa posteriormente en la Agencia Tributaria.

Estas retenciones constituyen un pago anticipado del impuesto, que posteriormente se regulariza en la declaración anual de la renta. Si las retenciones practicadas durante el año han sido superiores al importe final del impuesto, el contribuyente tendrá derecho a recibir una devolución.

Por el contrario, si las retenciones han sido inferiores, deberá ingresar la diferencia correspondiente.

El IRPF se aplica sobre el conjunto de las rentas obtenidas por el contribuyente, que pueden proceder de diferentes fuentes, como rendimientos del trabajo, rendimientos del capital, actividades económicas o ganancias patrimoniales.

Dentro de la gestión administrativa de personal en las empresas, el IRPF desempeña un papel fundamental, ya que las empresas están obligadas a calcular, aplicar y declarar correctamente las retenciones correspondientes a los salarios de los trabajadores.

4.1 NORMATIVA FISCAL APLICABLE A LOS SALARIOS

La tributación de los salarios en el Impuesto sobre la Renta de las Personas Físicas está regulada por la normativa fiscal vigente, que establece las reglas para determinar cómo deben gravarse los rendimientos del trabajo y cómo deben aplicarse las retenciones correspondientes.

La principal norma que regula este impuesto es la **Ley del Impuesto sobre la Renta de las Personas Físicas**, que establece el marco jurídico general del tributo. Esta ley se desarrolla mediante un **reglamento del IRPF**, que concreta los procedimientos, criterios y obligaciones relacionadas con la aplicación del impuesto.

Dentro de esta normativa se regulan diferentes aspectos relacionados con la tributación de los salarios, entre los que destacan los siguientes:

- La definición de los rendimientos del trabajo, que incluye todas las contraprestaciones o utilidades derivadas del trabajo personal.

- La determinación de la base imponible, que se obtiene a partir de las rentas obtenidas por el contribuyente durante el periodo impositivo.

- Las reducciones y deducciones aplicables, que pueden disminuir la cantidad final a pagar en concepto de impuesto.

- El sistema de retenciones a cuenta, que obliga a las empresas a practicar retenciones sobre los salarios de los trabajadores.

Las empresas desempeñan un papel fundamental en la aplicación de esta normativa, ya que actúan como **retenedoras del impuesto**. Esto significa que deben calcular el porcentaje de retención que corresponde a cada trabajador en función de su situación personal y de sus ingresos, descontar dicha cantidad del salario y posteriormente ingresarla en la Agencia Tributaria.

Para determinar el tipo de retención aplicable se tienen en cuenta diversos factores, como:

- El nivel de ingresos del trabajador.
- Su situación familiar y personal.
- El número de hijos o personas a cargo.
- El tipo de contrato o la duración de la relación laboral.

La aplicación de la normativa fiscal en materia de salarios es fundamental para garantizar el cumplimiento de las obligaciones tributarias tanto por parte de las empresas como de los trabajadores, así como para asegurar el correcto funcionamiento del sistema tributario.

4.1.1 Hecho imponible

El **hecho imponible** es el elemento fundamental de cualquier impuesto, ya que define la situación o circunstancia que da lugar al nacimiento de la obligación tributaria. En el caso del **Impuesto sobre la Renta de las Personas Físicas (IRPF)**, el hecho imponible consiste en la **obtención de renta por parte de una persona física durante un periodo determinado**, generalmente el año natural.

La normativa del IRPF establece que constituyen renta del contribuyente todos aquellos ingresos o beneficios económicos obtenidos por una persona física, independientemente de su origen. Entre las principales categorías de renta que pueden formar parte del hecho imponible del impuesto se encuentran:

- Rendimientos del trabajo, que incluyen los salarios, sueldos, pagas extraordinarias, complementos salariales y cualquier otra remuneración derivada de una relación laboral.

▼ Rendimientos del capital, que proceden de bienes o derechos que generan ingresos, como intereses de cuentas bancarias o alquileres de inmuebles.

▼ Rendimientos de actividades económicas, obtenidos por profesionales o empresarios que desarrollan actividades por cuenta propia.

▼ Ganancias y pérdidas patrimoniales, que se producen como consecuencia de la transmisión de bienes o derechos.

En el ámbito laboral, el hecho imponible del IRPF se produce cuando el trabajador percibe una retribución económica por su trabajo, ya sea en forma de salario en dinero o en especie. Estas percepciones se consideran rendimientos del trabajo y deben integrarse en la base imponible del impuesto.

El hecho imponible se materializa en el momento en que el trabajador obtiene o percibe la renta, lo que implica que dicha renta queda sujeta al impuesto y debe ser declarada de acuerdo con lo establecido en la normativa fiscal.

Por tanto, cualquier remuneración derivada de la prestación de servicios dentro de una relación laboral constituye una manifestación de capacidad económica y, en consecuencia, forma parte del hecho imponible del IRPF.

4.1.2 Obligación de retener

La obligación de retener es una responsabilidad que la normativa fiscal impone a determinadas personas o entidades que realizan pagos sujetos al Impuesto sobre la Renta de las Personas Físicas. En el caso de las relaciones laborales, esta obligación recae principalmente sobre las empresas o empleadores que abonan salarios a sus trabajadores.

La retención consiste en que el empleador descuenta una parte del salario del trabajador en concepto de pago anticipado del IRPF y posteriormente ingresa dicha cantidad en la Agencia Tributaria en nombre del trabajador.

Este sistema tiene como objetivo facilitar la recaudación del impuesto y asegurar que los contribuyentes realicen pagos a cuenta del impuesto a lo largo del año, evitando que deban abonar la totalidad del importe en el momento de presentar la declaración anual de la renta.

La empresa debe calcular el tipo de retención aplicable a cada trabajador teniendo en cuenta diferentes factores relacionados con su situación personal y económica. Entre los principales elementos que influyen en el cálculo del tipo de retención se encuentran:

▼ El nivel de ingresos anuales del trabajador.

▼ El tipo de contrato y la duración de la relación laboral.

▼ La situación familiar del trabajador.

▼ La existencia de descendientes o personas a cargo.

▼ El grado de discapacidad, en su caso.

Una vez determinado el porcentaje de retención, la empresa debe aplicarlo sobre el salario del trabajador en cada periodo de pago y reflejar el importe retenido en el recibo de salarios o nómina.

Posteriormente, la empresa está obligada a ingresar las cantidades retenidas en la Agencia Tributaria dentro de los plazos establecidos por la normativa fiscal, generalmente mediante declaraciones periódicas.

El incumplimiento de la obligación de retener o de ingresar las cantidades retenidas puede dar lugar a responsabilidades administrativas y sanciones para la empresa. Por este motivo, la correcta gestión de las retenciones del IRPF constituye una tarea fundamental dentro de la gestión administrativa de personal.

4.1.3 Comunicación de datos al pagador

Para que la empresa pueda calcular correctamente el tipo de retención del IRPF que debe aplicarse al salario del trabajador, es necesario que el propio trabajador comunique determinados datos personales y familiares que pueden influir en dicho cálculo. Este proceso se conoce como comunicación de datos al pagador.

La normativa fiscal establece que el trabajador debe facilitar a la empresa la información necesaria para determinar el porcentaje de retención que le corresponde. Esta comunicación se realiza generalmente mediante el modelo 145 de la Agencia Tributaria, denominado *Comunicación de datos al pagador (retenciones sobre rendimientos del trabajo)*.

A través de este documento, el trabajador informa a la empresa sobre diferentes circunstancias personales y familiares que pueden afectar al cálculo del IRPF. Entre los datos más relevantes que se incluyen en esta comunicación se encuentran:

- Datos identificativos del trabajador, como nombre, apellidos y número de identificación fiscal.

- Situación familiar, indicando si el trabajador está soltero, casado o separado legalmente.

- Número de hijos o descendientes a cargo, que pueden dar lugar a reducciones en el cálculo del impuesto.

- Existencia de ascendientes dependientes, como padres o abuelos que convivan con el trabajador.

- Grado de discapacidad, en caso de que el trabajador o alguno de sus familiares tenga reconocido un grado de discapacidad.

- Situaciones especiales, como pensiones compensatorias o anualidades por alimentos establecidas judicialmente.

La comunicación de estos datos es importante porque permite ajustar el tipo de retención del IRPF a la situación personal del trabajador, evitando diferencias importantes entre las retenciones practicadas durante el año y el resultado final de la declaración de la renta.

El trabajador tiene la obligación de comunicar cualquier modificación en su situación personal o familiar que pueda afectar al cálculo de la retención, como el nacimiento de un hijo, un cambio en su estado civil o el reconocimiento de una discapacidad.

Por su parte, la empresa debe conservar esta documentación y utilizar la información proporcionada para calcular correctamente las retenciones que se aplicarán en las nóminas del trabajador.

4.2 RETENCIONES DEL IRPF

Las retenciones del IRPF son cantidades que el empleador descuenta del salario del trabajador en cada nómina como pago anticipado del impuesto sobre la renta. Estas retenciones se ingresan posteriormente en la Agencia Tributaria y se consideran pagos a cuenta del impuesto que el trabajador deberá declarar al final del ejercicio fiscal.

El sistema de retenciones permite distribuir el pago del impuesto a lo largo del año, evitando que el contribuyente tenga que abonar una cantidad elevada en el momento de presentar la declaración anual del IRPF.

El porcentaje de retención que se aplica al salario del trabajador se denomina tipo de retención y se calcula teniendo en cuenta diversos factores relacionados con la situación personal y económica del trabajador.

Entre los principales elementos que influyen en el cálculo de la retención se encuentran:

- El importe de los ingresos anuales previstos del trabajador.

- El tipo de contrato y la duración de la relación laboral.

- La situación familiar, como el estado civil o la existencia de descendientes o ascendientes a cargo.

- La existencia de circunstancias personales especiales, como situaciones de discapacidad.

Las retenciones del IRPF deben reflejarse de forma clara en el recibo de salarios o nómina, donde aparece el importe que se descuenta del salario bruto del trabajador.

Las empresas tienen la obligación de ingresar periódicamente las cantidades retenidas en la Agencia Tributaria, normalmente mediante declaraciones trimestrales o mensuales, según el volumen de operaciones de la empresa.

Al final del año, el trabajador recibe un certificado de retenciones, en el que se detallan las cantidades retenidas durante el ejercicio. Este documento es necesario para realizar la declaración anual del IRPF.

El sistema de retenciones constituye un elemento fundamental del sistema tributario, ya que facilita la recaudación del impuesto y permite ajustar el pago del IRPF a la capacidad económica de cada contribuyente.

4.2.1 Rendimientos del trabajo personal

Los rendimientos del trabajo personal son aquellas rentas que una persona física obtiene como consecuencia directa de la prestación de servicios personales dentro de una relación laboral o estatutaria. Estas rentas constituyen una de las principales categorías de ingresos que se integran en la base imponible del Impuesto sobre la Renta de las Personas Físicas (IRPF).

La normativa fiscal considera rendimientos del trabajo todas las contraprestaciones o utilidades que el trabajador recibe por su actividad profesional, ya sea en forma de salario, gratificaciones, indemnizaciones o cualquier otra retribución derivada del trabajo personal.

Dentro de esta categoría se incluyen, entre otras, las siguientes percepciones:

- Salarios y sueldos, que constituyen la remuneración principal del trabajador por la prestación de sus servicios.

- Complementos salariales, como pluses de antigüedad, nocturnidad, peligrosidad o responsabilidad.

- Pagas extraordinarias, que suelen abonarse en determinados momentos del año o prorratearse en las nóminas mensuales.

- Horas extraordinarias, cuando el trabajador realiza trabajo adicional fuera de su jornada ordinaria.

- Primas o incentivos, vinculados al rendimiento o a la consecución de determinados objetivos.

- Indemnizaciones o prestaciones derivadas de la relación laboral, en determinados supuestos.

Además, la normativa también considera rendimientos del trabajo determinadas percepciones que no proceden directamente de la actividad laboral, pero que tienen su origen en la relación con la empresa o en el desempeño de un cargo.

Entre ellas pueden encontrarse:

- Pensiones y haberes pasivos.
- Prestaciones por desempleo.
- Prestaciones de determinados sistemas de previsión social.

Todos estos rendimientos están sujetos al IRPF y deben integrarse en la base imponible del contribuyente, salvo en aquellos casos en los que la normativa establezca expresamente su exención.

4.2.2 Rendimientos dinerarios y en especie

Los rendimientos del trabajo pueden percibirse de dos formas principales: rendimientos dinerarios y rendimientos en especie. Esta distinción se basa en la forma en la que el trabajador recibe la retribución derivada de su actividad laboral.

Rendimientos dinerarios

Los rendimientos dinerarios son aquellos que el trabajador recibe en forma de dinero. Constituyen la forma más habitual de retribución y se abonan normalmente mediante transferencia bancaria, cheque u otros medios de pago aceptados.

Entre los rendimientos dinerarios más comunes se encuentran:

- El salario base.
- Los complementos salariales.
- Las pagas extraordinarias.
- Las horas extraordinarias.
- Los incentivos o primas por productividad.

Estos rendimientos se incluyen directamente en el cálculo del salario del trabajador y están sujetos a las correspondientes retenciones del IRPF y cotizaciones a la Seguridad Social.

Rendimientos en especie

Los rendimientos en especie son aquellas retribuciones que el trabajador recibe en forma de bienes, servicios o ventajas distintas del dinero. Estas percepciones tienen un valor económico y, por tanto, también se consideran rendimientos del trabajo a efectos fiscales.

Entre los ejemplos más habituales de retribuciones en especie se encuentran:

- El uso de una vivienda proporcionada por la empresa.
- La utilización de vehículos de empresa para fines personales.
- Los seguros médicos pagados por la empresa.
- Los vales o tarjetas de comida.
- La cesión de determinados bienes o servicios.

La normativa fiscal establece que las retribuciones en especie deben valorarse económicamente para determinar su importe y poder incluirlas en el cálculo de los rendimientos del trabajo sujetos al IRPF.

Además, la legislación establece determinados límites y condiciones para este tipo de retribuciones. Por ejemplo, el valor de las retribuciones en especie no puede superar normalmente un determinado porcentaje del salario total del trabajador.

La identificación y valoración de los rendimientos dinerarios y en especie es fundamental para calcular adecuadamente las retenciones del IRPF y garantizar el cumplimiento de las obligaciones fiscales derivadas de la relación laboral.

4.2.3 Rendimientos irregulares

Los rendimientos irregulares son aquellos ingresos derivados del trabajo que no se obtienen de forma periódica o habitual, sino que se generan de manera ocasional o corresponden a periodos de tiempo superiores a un año. Debido a estas características, la normativa del Impuesto sobre la Renta de las Personas Físicas (IRPF) establece un tratamiento fiscal específico para este tipo de rendimientos.

La razón de este tratamiento especial es evitar que ingresos obtenidos de forma excepcional o acumulada en un solo ejercicio fiscal generen una carga tributaria excesiva como consecuencia de la progresividad del impuesto.

Se consideran rendimientos irregulares aquellos que presentan alguna de las siguientes características:

- Se generan en un periodo de tiempo superior a dos años.
- Se perciben de forma notoriamente irregular en el tiempo.
- No forman parte de la remuneración habitual del trabajador.

Entre los ejemplos más frecuentes de rendimientos irregulares derivados del trabajo se encuentran:

- Indemnizaciones por traslado o movilidad geográfica, cuando se abonan de forma puntual.

- Indemnizaciones por cese o extinción del contrato de trabajo, en determinados casos.

- Primas o incentivos excepcionales que no se perciben de forma periódica.

- Premios o gratificaciones extraordinarias vinculadas a resultados empresariales o a determinados objetivos.

La normativa del IRPF permite aplicar, en determinadas circunstancias, reducciones sobre estos rendimientos con el objetivo de suavizar el impacto fiscal que podría producirse al concentrarse en un único ejercicio fiscal ingresos correspondientes a varios años.

Para que se aplique este tratamiento fiscal específico es necesario que se cumplan los requisitos establecidos en la normativa tributaria y que los rendimientos se identifiquen claramente como irregulares.

4.2.4 Exenciones del impuesto

Las exenciones del impuesto son aquellas rentas que, a pesar de constituir ingresos para el contribuyente, no están sujetas al Impuesto sobre la Renta de las Personas Físicas debido a que la normativa fiscal establece expresamente que quedan excluidas de tributación.

Estas exenciones responden generalmente a razones de carácter social, económico o de política fiscal, y tienen como finalidad proteger determinadas situaciones personales o favorecer ciertos comportamientos considerados de interés general.

En el ámbito de los rendimientos del trabajo existen diversas rentas que pueden estar total o parcialmente exentas del IRPF. Entre las más habituales se encuentran las siguientes:

- ▼ Determinadas indemnizaciones por despido o cese del trabajador, siempre que cumplan los requisitos establecidos por la normativa laboral y fiscal.

- ▼ Prestaciones por incapacidad permanente absoluta o gran invalidez, concedidas por la Seguridad Social o por entidades que actúan como sustitutas de esta.

- ▼ Prestaciones públicas por nacimiento, adopción o cuidado de hijos, en los casos previstos por la legislación fiscal.

- ▼ Becas públicas destinadas a estudios o investigación, siempre que cumplan las condiciones establecidas en la normativa.

- ▼ Indemnizaciones por responsabilidad civil por daños personales, en determinados supuestos.

En algunos casos, la exención puede aplicarse únicamente hasta un determinado límite económico, de modo que las cantidades que superen dicho límite sí estarán sujetas al impuesto.

Es importante destacar que, aunque estas rentas estén exentas del IRPF, pueden seguir apareciendo reflejadas en determinados documentos o certificados fiscales, con el fin de justificar su origen y su tratamiento tributario.

El conocimiento de las exenciones aplicables es importante tanto para los trabajadores como para las empresas, ya que permite aplicar correctamente la normativa fiscal y evitar errores en el cálculo de las retenciones del impuesto.

4.3 DETERMINACIÓN DEL TIPO DE RETENCIÓN

La determinación del tipo de retención del IRPF es el procedimiento mediante el cual se calcula el porcentaje que debe aplicarse sobre los rendimientos del trabajo para efectuar las retenciones a cuenta del impuesto. Este porcentaje determina la cantidad que la empresa debe descontar del salario del trabajador en cada periodo de pago y posteriormente ingresar en la Agencia Tributaria.

El objetivo de este sistema es aproximar lo máximo posible el importe de las retenciones practicadas durante el año al resultado final del impuesto que el trabajador deberá declarar en su declaración anual del IRPF.

Para calcular el tipo de retención aplicable se tienen en cuenta diversos factores relacionados con la situación económica y personal del trabajador. Entre los principales elementos que influyen en este cálculo se encuentran:

- ▼ Los ingresos brutos previstos durante el ejercicio fiscal.

- ▼ La situación familiar del trabajador, como su estado civil o la existencia de descendientes o ascendientes a cargo.

- ▼ Las circunstancias personales, como el grado de discapacidad del trabajador o de sus familiares.

- ▼ El tipo de contrato y la duración de la relación laboral.

- ▼ Las reducciones o deducciones previstas en la normativa fiscal.

La empresa debe calcular el tipo de retención al inicio de la relación laboral o al comienzo de cada ejercicio fiscal. No obstante, este porcentaje puede modificarse a lo largo del año si se producen cambios en las circunstancias personales del trabajador o en el importe de sus ingresos.

El cálculo del tipo de retención se realiza siguiendo los procedimientos establecidos en la normativa fiscal, lo que permite garantizar que las retenciones se ajusten a la capacidad económica del trabajador y que se cumpla correctamente con las obligaciones tributarias.

4.3.1 Ingresos brutos del ejercicio

Uno de los elementos fundamentales para determinar el tipo de retención del IRPF es la estimación de los ingresos brutos que el trabajador percibirá durante el ejercicio fiscal.

Los ingresos brutos del ejercicio corresponden al importe total de las retribuciones que el trabajador espera recibir durante el año, antes de aplicar cualquier deducción o retención fiscal. Esta estimación permite calcular de forma aproximada la base sobre la que se aplicará el impuesto.

Para determinar los ingresos brutos del ejercicio se tienen en cuenta todos los conceptos retributivos que el trabajador percibe como consecuencia de su actividad laboral. Entre los más habituales se encuentran:

- Salario base, establecido en el contrato de trabajo o en el convenio colectivo.

- Complementos salariales, como antigüedad, nocturnidad, peligrosidad o responsabilidad.

- Pagas extraordinarias, que pueden abonarse en determinados momentos del año o prorratearse en las nóminas mensuales.

- Horas extraordinarias, cuando se prevé su realización durante el ejercicio.

- Incentivos o primas por productividad, cuando forman parte habitual de la retribución del trabajador.

- Retribuciones en especie, cuando el trabajador recibe bienes o servicios como parte de su remuneración.

La estimación de los ingresos brutos debe realizarse teniendo en cuenta las circunstancias previsibles del trabajador durante todo el ejercicio, incluyendo posibles cambios en el salario o en las condiciones laborales.

Una vez determinada la cuantía de los ingresos brutos, se aplican las reglas previstas en la normativa del IRPF para calcular el tipo de retención que corresponde al trabajador.

Este cálculo es fundamental para garantizar que las retenciones practicadas durante el año se ajusten lo máximo posible al impuesto final que el trabajador deberá abonar en su declaración anual de la renta.

4.3.2 Mínimos exentos

En el marco del Impuesto sobre la Renta de las Personas Físicas (IRPF), los mínimos exentos constituyen uno de los elementos esenciales del sistema de determinación del impuesto, ya que permiten adaptar la tributación a las circunstancias personales y familiares del contribuyente.

El principio que inspira la existencia de estos mínimos es el reconocimiento de que una parte de la renta obtenida por las personas físicas debe destinarse necesariamente a cubrir sus necesidades básicas de subsistencia y las de las personas que dependen económicamente de ellas. Por esta razón, la normativa fiscal establece que determinadas cantidades de renta quedan exentas de tributación, es decir, no se someten al impuesto.

Desde el punto de vista técnico, los mínimos exentos forman parte del denominado mínimo personal y familiar, que se descuenta de la base imponible del impuesto para calcular la base liquidable sobre la que se aplicará la tarifa del IRPF.

Este mecanismo permite que el sistema tributario tenga en cuenta la capacidad económica real del contribuyente, ajustando el impuesto a su situación personal.

Finalidad de los mínimos exentos

Los mínimos exentos cumplen varias funciones dentro del sistema fiscal:

- Garantizar que una parte de los ingresos del contribuyente quede libre de tributación.
- Adaptar el impuesto a las circunstancias personales y familiares.
- Reducir la carga fiscal de los contribuyentes con mayores responsabilidades familiares.
- Introducir elementos de equidad dentro del sistema tributario.

De este modo, dos contribuyentes con el mismo nivel de ingresos pueden soportar una carga fiscal diferente si sus circunstancias personales o familiares son distintas.

Componentes del mínimo personal y familiar

El mínimo personal y familiar se compone de diferentes elementos que tienen en cuenta diversas circunstancias que pueden afectar a la situación económica del contribuyente.

Mínimo personal del contribuyente

El mínimo personal es la cantidad de renta que se considera necesaria para cubrir las necesidades básicas del propio contribuyente.

Este mínimo se aplica a todos los contribuyentes con independencia de su situación familiar y constituye la base sobre la que se construyen los restantes mínimos.

La cuantía del mínimo personal puede variar en función de la edad del contribuyente, ya que la normativa fiscal establece incrementos adicionales para personas de mayor edad.

Mínimo por descendientes

El mínimo por descendientes se aplica cuando el contribuyente tiene hijos u otros descendientes que conviven con él y que dependen económicamente de su renta.

Para que pueda aplicarse este mínimo deben cumplirse determinados requisitos:

- ▶ Que el descendiente conviva con el contribuyente.

- ▶ Que el descendiente no obtenga rentas superiores a los límites establecidos por la normativa.

- ▶ Que no presente declaración del IRPF con rentas superiores al límite fijado por la ley.

La cuantía del mínimo por descendientes aumenta progresivamente en función del número de hijos, reconociendo así el mayor esfuerzo económico que supone el mantenimiento de familias más numerosas.

La normativa puede establecer incrementos adicionales en el caso de **descendientes menores de tres años**, debido a las necesidades económicas asociadas a los primeros años de vida.

Mínimo por ascendientes

El mínimo por ascendientes se aplica cuando el contribuyente convive con padres, abuelos u otros ascendientes que dependen económicamente de él.

Para aplicar este mínimo deben cumplirse determinados requisitos:

▼ Que el ascendiente tenga una determinada edad mínima o una situación de discapacidad.

▼ Que conviva con el contribuyente durante un periodo mínimo establecido por la normativa.

▼ Que sus ingresos no superen determinados límites.

Este mínimo reconoce el esfuerzo económico que supone el cuidado y mantenimiento de personas mayores dentro del núcleo familiar.

Mínimo por discapacidad

La normativa fiscal también establece incrementos del mínimo personal y familiar cuando el contribuyente o alguno de sus familiares presenta un grado reconocido de discapacidad.

Estos incrementos se aplican en diferentes situaciones:

▼ Cuando el propio contribuyente tiene discapacidad.

▼ Cuando un descendiente tiene discapacidad.

▼ Cuando un ascendiente tiene discapacidad.

El objetivo de este mínimo adicional es compensar los mayores gastos que suelen derivarse de estas situaciones.

Influencia de los mínimos exentos en las retenciones del IRPF

Los mínimos personales y familiares influyen directamente en el cálculo del tipo de retención del IRPF que se aplica en las nóminas de los trabajadores.

Cuando un trabajador tiene derecho a aplicar determinados mínimos personales o familiares, su base imponible se reduce, lo que implica que:

- ▼ Disminuye la base sobre la que se calcula el impuesto.

- ▼ Se reduce el tipo de retención que se aplica sobre su salario.

Por este motivo, es fundamental que el trabajador comunique correctamente a la empresa sus circunstancias personales y familiares, normalmente mediante el modelo 145 de la Agencia Tributaria.

La aplicación de los mínimos exentos permite que el sistema de retenciones se ajuste de manera más precisa a la situación económica del trabajador y evita desviaciones importantes entre las retenciones practicadas durante el año y el resultado final de la declaración de la renta.

4.3.3 Minoraciones y deducciones

Además de los mínimos personales y familiares, la normativa del IRPF establece diferentes minoraciones y deducciones que permiten reducir la carga tributaria de los contribuyentes o ajustar el cálculo de las retenciones aplicables sobre los rendimientos del trabajo.

Estos mecanismos forman parte del conjunto de instrumentos que utiliza el sistema fiscal para adaptar el impuesto a las circunstancias económicas, personales y familiares de cada contribuyente.

Aunque en muchas ocasiones se utilizan como sinónimos, desde el punto de vista técnico es importante distinguir entre minoraciones y deducciones, ya que actúan en diferentes fases del cálculo del impuesto.

Minoraciones de la base imponible

Las minoraciones son reducciones que se aplican sobre los rendimientos del trabajo antes de calcular la base imponible del impuesto.

Su objetivo es disminuir la cantidad de renta que se somete a tributación, lo que permite reducir el impacto del impuesto sobre determinados contribuyentes.

Entre las minoraciones más relevantes se encuentran las siguientes.

Reducción por rendimientos del trabajo

La normativa fiscal establece reducciones específicas para los rendimientos del trabajo, especialmente cuando los ingresos del contribuyente se sitúan dentro de determinados niveles.

Estas reducciones tienen como finalidad aliviar la carga fiscal de los trabajadores con ingresos más bajos o medios.

La cuantía de esta reducción puede variar en función del nivel de ingresos del contribuyente y de otros factores previstos por la normativa fiscal.

Reducciones por aportaciones a sistemas de previsión social

Los contribuyentes pueden reducir su base imponible cuando realizan aportaciones a determinados sistemas de previsión social, como:

- ▼ Planes de pensiones.
- ▼ Mutualidades de previsión social.
- ▼ Planes de previsión asegurados.

Estas reducciones tienen como objetivo fomentar el ahorro destinado a la jubilación y mejorar la protección económica de los ciudadanos en el futuro.

Reducciones por rendimientos irregulares

Cuando los rendimientos del trabajo se generan en periodos superiores a dos años o se perciben de forma irregular en el tiempo, la normativa puede permitir aplicar reducciones específicas para evitar que estos ingresos soporten una carga fiscal excesiva debido a la progresividad del impuesto.

Estas reducciones permiten suavizar el impacto fiscal de ingresos que no se perciben de forma periódica.

Deducciones del impuesto

A diferencia de las minoraciones, las deducciones se aplican una vez que el impuesto ha sido calculado. Es decir, se restan directamente de la cuota íntegra del impuesto.

Las deducciones tienen como finalidad incentivar determinados comportamientos o compensar determinadas situaciones personales o familiares.

Entre las deducciones más importantes que pueden afectar a los trabajadores se encuentran las siguientes.

Deducción por maternidad

Esta deducción está destinada a apoyar la conciliación entre la vida laboral y familiar. Puede aplicarse en determinadas circunstancias cuando el contribuyente tiene hijos menores y cumple los requisitos establecidos por la normativa.

Deducciones por familia numerosa

Las familias numerosas pueden tener derecho a aplicar deducciones específicas que reducen la carga fiscal, reconociendo el mayor esfuerzo económico que supone el mantenimiento de un mayor número de hijos.

Deducciones por discapacidad

Existen deducciones destinadas a contribuyentes que tienen discapacidad o que tienen a su cargo personas con discapacidad.

Estas deducciones buscan compensar los gastos adicionales asociados a estas situaciones.

Deducciones autonómicas

Además de las deducciones establecidas por la normativa estatal, las comunidades autónomas pueden establecer deducciones adicionales en función de sus competencias fiscales.

Estas deducciones pueden estar relacionadas con diferentes aspectos, como:

- Gastos educativos.
- Alquiler de vivienda habitual.
- Cuidado de familiares dependientes.

Influencia de minoraciones y deducciones en el cálculo de retenciones

Las minoraciones y deducciones también influyen en el cálculo del tipo de retención del IRPF que se aplica a los trabajadores.

Cuando se tienen en cuenta estas circunstancias:

▸ Se reduce la base sobre la que se calcula el impuesto.

▸ Disminuye el porcentaje de retención que se aplica en la nómina.

Por esta razón, es fundamental que las empresas dispongan de información actualizada sobre la situación personal y familiar de los trabajadores para calcular correctamente las retenciones.

La aplicación de las minoraciones y deducciones contribuye a que el sistema tributario sea más equitativo y proporcional, adaptándose a las diferentes situaciones económicas de los contribuyentes y evitando que soporten una carga fiscal superior a la que realmente les corresponde.

4.3.4 Cálculo de la cuota de retención

El cálculo de la cuota de retención del IRPF es una fase fundamental dentro del proceso de determinación de las retenciones que deben aplicarse sobre los rendimientos del trabajo. Este cálculo permite establecer la cantidad que la empresa deberá retener del salario del trabajador en concepto de pago anticipado del impuesto sobre la renta.

La cuota de retención se determina siguiendo los procedimientos establecidos en la normativa fiscal, que tienen como objetivo aproximar lo máximo posible el importe de las retenciones practicadas durante el año al resultado final del impuesto que el trabajador deberá declarar en su declaración anual del IRPF.

El cálculo de la cuota de retención se realiza a partir de varios elementos fundamentales que intervienen en la determinación de la base del impuesto y del tipo aplicable.

Determinación de la base para el cálculo de la retención

El primer paso consiste en determinar la base para el cálculo de la retención, que se obtiene a partir de los rendimientos íntegros del trabajo previstos para el ejercicio.

Para ello se deben tener en cuenta todos los conceptos retributivos que el trabajador recibirá durante el año, entre los que se encuentran:

- Salario base.
- Complementos salariales.
- Pagas extraordinarias.
- Horas extraordinarias previstas.
- Incentivos o primas por productividad.
- Retribuciones en especie.

Una vez determinada la cuantía total de los rendimientos del trabajo, deben aplicarse las minoraciones y reducciones previstas en la normativa fiscal, como por ejemplo las reducciones por rendimientos del trabajo o por aportaciones a sistemas de previsión social.

El resultado de estas operaciones permite obtener la base sobre la que se calculará el impuesto.

Aplicación de la escala del impuesto

Una vez obtenida la base correspondiente, se aplica la **escala progresiva del IRPF**, que establece diferentes tipos impositivos en función del nivel de renta del contribuyente.

La aplicación de esta escala permite determinar la cuota íntegra del impuesto, que representa la cantidad que correspondería pagar al contribuyente en concepto de IRPF en función de sus ingresos.

Posteriormente, se tienen en cuenta los mínimos personales y familiares, que reducen la base sobre la que se calcula el impuesto y permiten ajustar la carga tributaria a las circunstancias personales del trabajador.

Obtención de la cuota de retención

Una vez realizadas todas estas operaciones, se obtiene la cuota de retención, que representa la cantidad total que debería retenerse al trabajador a lo largo del ejercicio fiscal.

Esta cuota constituye la base para determinar el porcentaje de retención que se aplicará sobre las retribuciones del trabajador en cada periodo de pago.

La determinación de la cuota de retención es esencial para garantizar que las cantidades retenidas durante el año se ajusten lo máximo posible al impuesto final que el trabajador deberá declarar.

4.3.5 Cálculo del tipo de retención

El tipo de retención es el porcentaje que se aplica sobre los rendimientos del trabajo para determinar la cantidad que debe retenerse al trabajador en cada nómina.

Este porcentaje se calcula a partir de la cuota de retención previamente determinada y del importe total de los rendimientos del trabajo que el trabajador percibirá durante el ejercicio fiscal.

El cálculo del tipo de retención se realiza mediante una fórmula que relaciona la cuota de retención con la cuantía total de las retribuciones previstas.

Procedimiento de cálculo

El procedimiento general para calcular el tipo de retención consiste en los siguientes pasos:

1. **Estimación de los rendimientos del trabajo previstos durante el ejercicio**, teniendo en cuenta todos los conceptos retributivos.

2. **Determinación de la base para el cálculo de la retención**, aplicando las reducciones y minoraciones previstas en la normativa.

3. **Cálculo de la cuota de retención**, mediante la aplicación de la escala del IRPF.

4. **Obtención del tipo de retención**, dividiendo la cuota de retención entre el importe total de los rendimientos del trabajo previstos.

El resultado de esta operación se expresa en forma de porcentaje, que será el que la empresa aplicará sobre las retribuciones del trabajador para determinar el importe de la retención en cada periodo de pago.

Aplicación del tipo de retención en la nómina

Una vez determinado el tipo de retención, la empresa debe aplicarlo sobre las percepciones salariales del trabajador en cada periodo de pago, generalmente mensual.

El importe retenido se descuenta del salario bruto del trabajador y aparece reflejado en el recibo de salarios o nómina, dentro del apartado de deducciones.

Posteriormente, la empresa debe ingresar las cantidades retenidas en la Agencia Tributaria, dentro de los plazos establecidos por la normativa fiscal.

Regularización del tipo de retención

El tipo de retención no es necesariamente fijo durante todo el año. Puede ser objeto de regularización cuando se producen cambios en las circunstancias del trabajador o en sus ingresos.

Entre las situaciones que pueden dar lugar a una modificación del tipo de retención se encuentran:

- Cambios en el salario o en las condiciones laborales.
- Modificación de la situación familiar del trabajador.
- Variaciones en los ingresos previstos durante el ejercicio.
- Cambios en la normativa fiscal.

La empresa debe ajustar el tipo de retención cuando se produzcan estas circunstancias para garantizar que las retenciones practicadas durante el ejercicio se aproximen lo máximo posible al impuesto final que corresponderá al trabajador en su declaración anual del IRPF.

4.4 REGULARIZACIÓN DE RETENCIONES

La regularización de retenciones del IRPF es el procedimiento mediante el cual se revisa y, en su caso, se modifica el tipo de retención que se aplica sobre los rendimientos del trabajo de un trabajador durante el ejercicio fiscal. Este proceso tiene como objetivo ajustar las retenciones practicadas a las circunstancias reales del contribuyente, evitando desviaciones significativas entre las cantidades retenidas a lo largo del año y el impuesto final que resultará en la declaración anual del IRPF.

En la práctica, el cálculo inicial del tipo de retención se realiza al comienzo de la relación laboral o al inicio del ejercicio fiscal, basándose en una estimación de los ingresos anuales y en las circunstancias personales y familiares conocidas en ese momento. Sin embargo, estas circunstancias pueden modificarse durante el año, lo que puede afectar al importe del impuesto que corresponde al trabajador.

Cuando se producen cambios relevantes, la normativa fiscal establece la obligación de realizar una **regularización del tipo de retención**, es decir, recalcular el porcentaje aplicable teniendo en cuenta la nueva situación del trabajador.

La regularización permite corregir posibles diferencias entre:

- Las retenciones ya practicadas, calculadas según la situación inicial.
- El importe real del impuesto que corresponderá pagar al trabajador en función de sus ingresos y circunstancias actualizadas.

Este proceso es importante porque permite mantener un mayor equilibrio entre las retenciones practicadas durante el ejercicio y el resultado final de la declaración de la renta.

Momentos en los que puede realizarse la regularización

La regularización del tipo de retención puede producirse en diferentes momentos del ejercicio fiscal. Entre los casos más habituales se encuentran:

- Cuando se produce una modificación en la cuantía de las retribuciones del trabajador, como un aumento o disminución del salario.

▶ Cuando el trabajador comunica cambios en su situación personal o familiar.

▶ Cuando se produce una variación en el tipo de contrato o en la duración de la relación laboral.

▶ Cuando el trabajador comienza o finaliza su actividad en la empresa durante el ejercicio.

La empresa debe recalcular el tipo de retención teniendo en cuenta los nuevos datos disponibles y aplicarlo en las nóminas siguientes.

Regularización del tipo de retención

El tipo de retención no es necesariamente fijo durante todo el año. Puede ser objeto de regularización cuando se producen cambios en las circunstancias del trabajador o en sus ingresos.

Entre las situaciones que pueden dar lugar a una modificación del tipo de retención se encuentran:

▶ Cambios en el salario o en las condiciones laborales.

▶ Modificación de la situación familiar del trabajador.

▶ Variaciones en los ingresos previstos durante el ejercicio.

▶ Cambios en la normativa fiscal.

La empresa debe ajustar el tipo de retención cuando se produzcan estas circunstancias para garantizar que las retenciones practicadas durante el ejercicio se aproximen lo máximo posible al impuesto final que corresponderá al trabajador en su declaración anual del IRPF.

Procedimiento de regularización

El procedimiento de regularización consiste básicamente en recalcular el tipo de retención siguiendo los mismos pasos que se aplican en el cálculo inicial:

1. Estimar nuevamente los rendimientos del trabajo previstos para el ejercicio.

2. Aplicar las reducciones, mínimos personales y familiares correspondientes.

3. Calcular la cuota de retención actualizada.

4. Determinar el nuevo tipo de retención que debe aplicarse sobre los salarios del trabajador.

El nuevo porcentaje se aplicará a partir del momento en que se realice la regularización y se mantendrá hasta que se produzca una nueva modificación que requiera un nuevo cálculo.

La regularización es un mecanismo fundamental para garantizar el correcto funcionamiento del sistema de retenciones y para evitar que el trabajador tenga que realizar pagos importantes o reciba devoluciones excesivas en el momento de presentar su declaración anual del IRPF.

4.4.1 Situaciones personales o familiares

Uno de los factores que más influyen en el cálculo del tipo de retención del IRPF son las circunstancias personales y familiares del trabajador. Estas circunstancias afectan directamente al cálculo del mínimo personal y familiar y, por tanto, al importe del impuesto que corresponde pagar.

Cuando se produce un cambio en estas circunstancias durante el ejercicio fiscal, puede ser necesario realizar una regularización del tipo de retención para adaptar el cálculo del impuesto a la nueva situación del contribuyente.

Entre las principales situaciones personales o familiares que pueden dar lugar a una regularización se encuentran las siguientes.

Cambios en el estado civil

El estado civil del trabajador puede influir en el cálculo del IRPF, especialmente cuando se trata de contribuyentes casados cuyos cónyuges tienen ingresos o dependen económicamente de ellos.

Por ejemplo, puede producirse una regularización cuando:

▸ El trabajador contrae matrimonio.

▼ Se produce una separación o divorcio.

▼ Cambia la situación de convivencia con el cónyuge.

Nacimiento o adopción de hijos

El nacimiento o adopción de un hijo supone una modificación relevante en la situación familiar del contribuyente, ya que puede dar derecho a aplicar el mínimo por descendientes y otras posibles deducciones fiscales.

El trabajador debe comunicar esta circunstancia a la empresa para que se ajuste el tipo de retención correspondiente.

Variaciones en la situación de los descendientes

La situación de los hijos u otros descendientes también puede afectar al cálculo del impuesto. Por ejemplo:

▼ Cuando un hijo deja de cumplir los requisitos para ser considerado descendiente a efectos fiscales.

▼ Cuando cambia la situación de convivencia o dependencia económica.

▼ Cuando se produce el reconocimiento de un grado de discapacidad.

Convivencia con ascendientes

La convivencia con padres u otros ascendientes que dependan económicamente del trabajador puede dar derecho a aplicar el mínimo por ascendientes.

Si se producen cambios en esta situación, como el inicio o finalización de la convivencia, puede ser necesario recalcular el tipo de retención.

Situaciones de discapacidad

La normativa fiscal contempla incrementos del mínimo personal y familiar cuando el contribuyente o alguno de sus familiares tiene reconocido un grado de discapacidad.

El reconocimiento o modificación de esta situación también puede afectar al cálculo del tipo de retención y dar lugar a una regularización.

Comunicación de los cambios a la empresa

Para que la empresa pueda aplicar correctamente estas modificaciones, el trabajador debe comunicar los cambios en su situación personal o familiar mediante el correspondiente modelo de comunicación de datos al pagador.

La actualización de esta información permite a la empresa recalcular el tipo de retención del IRPF y aplicar el porcentaje adecuado en las nóminas posteriores.

La comunicación de las circunstancias personales y familiares es esencial para garantizar que las retenciones practicadas se ajusten a la situación real del trabajador y para evitar diferencias significativas en la declaración anual del impuesto.

4.4.2 Comunicación de variaciones de datos

La correcta determinación del tipo de retención del Impuesto sobre la Renta de las Personas Físicas (IRPF) depende en gran medida de que la empresa disponga de información actualizada sobre la situación personal, familiar y económica del trabajador. Cuando se producen cambios en estas circunstancias durante el ejercicio fiscal, es necesario comunicar dichas modificaciones al pagador para que pueda recalcular correctamente el tipo de retención aplicable.

Este procedimiento se denomina comunicación de variaciones de datos, y constituye un elemento esencial dentro del sistema de gestión de las retenciones del IRPF.

Obligación de comunicar las variaciones

La normativa fiscal establece que el trabajador debe comunicar a la empresa cualquier cambio en sus circunstancias personales o familiares que pueda influir en el cálculo del tipo de retención.

Estas comunicaciones deben realizarse tan pronto como se produzca la modificación de los datos, con el fin de que la empresa pueda actualizar el cálculo de las retenciones y aplicar el porcentaje correspondiente en las nóminas posteriores.

La empresa, por su parte, tiene la obligación de tener en cuenta esta información para recalcular el tipo de retención cuando proceda.

Medio de comunicación: modelo 145

La comunicación de variaciones en los datos personales o familiares se realiza generalmente mediante el **modelo 145 de la Agencia Tributaria**, denominado *Comunicación de datos al pagador (retenciones sobre rendimientos del trabajo)*.

Este documento permite al trabajador informar a la empresa de cualquier cambio relevante en su situación personal o familiar que pueda afectar al cálculo de las retenciones del IRPF.

El modelo 145 incluye diferentes apartados en los que el trabajador puede declarar:

▼ Su situación familiar.

▼ El número de descendientes o ascendientes a cargo.

▼ La existencia de discapacidad propia o de familiares dependientes.

▼ Pensiones compensatorias o anualidades por alimentos.

▼ Otras circunstancias que puedan afectar al cálculo de la retención.

Cuando se produce una variación en alguno de estos datos, el trabajador debe presentar un nuevo modelo actualizado para que la empresa pueda ajustar el cálculo de las retenciones.

Ejemplos de variaciones que deben comunicarse

Entre las situaciones más habituales que deben comunicarse a la empresa se encuentran las siguientes:

▼ Cambios en el estado civil, como matrimonio, separación o divorcio.

▼ Nacimiento o adopción de hijos.

▼ Modificaciones en la situación de los descendientes o ascendientes a cargo.

▼ Reconocimiento o modificación de un grado de discapacidad.

▼ Cambios en la situación laboral del cónyuge.

▼ Inicio o finalización del pago de pensiones compensatorias o anualidades por alimentos.

Estas circunstancias pueden modificar los mínimos personales y familiares aplicables y, por tanto, afectar al cálculo del tipo de retención.

Importancia de la comunicación correcta de los datos

La comunicación correcta y actualizada de los datos personales y familiares es fundamental para garantizar que las retenciones practicadas durante el año se ajusten lo máximo posible al impuesto final que deberá pagar el trabajador.

Cuando los datos no se comunican correctamente, pueden producirse dos situaciones:

- ◤ Que las retenciones sean inferiores a las que corresponderían, lo que puede dar lugar a que el trabajador tenga que pagar una cantidad elevada en su declaración de la renta.

- ◤ Que las retenciones sean superiores a las necesarias, lo que implica que el trabajador esté adelantando más dinero del necesario a la Administración tributaria.

Por este motivo, tanto el trabajador como la empresa deben prestar especial atención a la actualización de esta información.

4.4.3 Cálculo de regularización

El cálculo de la regularización del tipo de retención consiste en recalcular el porcentaje de retención que debe aplicarse sobre los rendimientos del trabajo cuando se producen cambios en las circunstancias del trabajador o en sus ingresos durante el ejercicio fiscal.

El objetivo de esta regularización es ajustar el importe de las retenciones practicadas a lo largo del año al impuesto que previsiblemente corresponderá pagar al trabajador en su declaración anual del IRPF.

Situaciones que pueden dar lugar a una regularización

El cálculo de la regularización puede realizarse cuando se producen determinadas circunstancias que afectan al cálculo inicial del tipo de retención. Entre las más habituales se encuentran:

- ◤ Variaciones en la cuantía de las retribuciones del trabajador.
- ◤ Cambios en la situación personal o familiar del contribuyente.
- ◤ Modificaciones en el tipo de contrato o en la duración de la relación laboral.

▼ Inicio o finalización de la relación laboral durante el ejercicio.

▼ Cambios en la normativa fiscal que afecten al cálculo de las retenciones.

Cuando se produce alguna de estas situaciones, la empresa debe recalcular el tipo de retención aplicable.

Procedimiento de cálculo de la regularización

El proceso de regularización sigue un procedimiento similar al utilizado para calcular el tipo de retención inicial, pero teniendo en cuenta la información actualizada disponible en el momento de realizar la revisión.

El cálculo suele realizarse siguiendo las siguientes fases:

1. **Determinación de los rendimientos previstos para el resto del ejercicio**

   En primer lugar, se estima nuevamente el importe total de los rendimientos del trabajo que el trabajador percibirá durante el ejercicio fiscal, teniendo en cuenta las modificaciones producidas.

2. **Aplicación de las reducciones y mínimos personales y familiares**

   Posteriormente, se aplican las reducciones previstas en la normativa fiscal, así como los mínimos personales y familiares que correspondan en función de la situación actual del trabajador.

3. **Cálculo de la nueva cuota de retención**

   A partir de la base obtenida se aplica la escala del IRPF para determinar la cuota que correspondería pagar al trabajador durante el ejercicio.

4. **Determinación del nuevo tipo de retención**

   Una vez calculada la cuota de retención, se determina el nuevo tipo de retención que debe aplicarse sobre las retribuciones que el trabajador percibirá durante el resto del año.

Este nuevo porcentaje se aplicará en las nóminas posteriores hasta el final del ejercicio o hasta que se produzca una nueva modificación que requiera una nueva regularización.

Finalidad de la regularización

La regularización del tipo de retención cumple varias funciones importantes dentro del sistema de gestión del IRPF:

▼ Ajustar las retenciones a la situación real del trabajador.

▼ Evitar desviaciones importantes entre las retenciones practicadas y el impuesto final.

▼ Garantizar una distribución más equilibrada del pago del impuesto a lo largo del año.

Gracias a este mecanismo, el sistema de retenciones se adapta a las circunstancias cambiantes de los contribuyentes y permite que el impuesto se recaude de forma más precisa y equitativa.

4.5 CERTIFICADO DE RETENCIONES

El certificado de retenciones e ingresos a cuenta del Impuesto sobre la Renta de las Personas Físicas (IRPF) es un documento fiscal mediante el cual el pagador de los rendimientos del trabajo —generalmente la empresa— acredita las cantidades que han sido abonadas al trabajador durante un determinado ejercicio fiscal, así como las retenciones practicadas y los ingresos realizados a cuenta del impuesto.

Este documento tiene una gran importancia dentro del sistema tributario, ya que constituye una prueba documental de los ingresos percibidos por el trabajador y de las cantidades retenidas por el empleador en concepto de IRPF. El certificado permite al contribuyente disponer de la información necesaria para elaborar correctamente su declaración anual de la renta.

El certificado de retenciones recoge de forma detallada todos los datos relacionados con los rendimientos del trabajo obtenidos por el trabajador durante el ejercicio fiscal.

Entre los principales elementos que se incluyen en este documento se encuentran:

- ▶ Identificación del pagador (empresa o entidad que realiza los pagos).

- ▶ Identificación del trabajador o perceptor de los rendimientos.

- ▶ Importe total de los rendimientos íntegros del trabajo.

- ▶ Reducciones aplicadas, en su caso.

- ▶ Retenciones practicadas a lo largo del ejercicio.

- ▶ Ingresos a cuenta correspondientes a retribuciones en especie.

- ▶ Determinadas rentas exentas o conceptos especiales, cuando proceda.

La emisión del certificado de retenciones forma parte de las obligaciones fiscales que deben cumplir las empresas en su condición de retenedoras del impuesto. La empresa actúa como intermediaria entre el trabajador y la Administración tributaria, ya que es la encargada de practicar las retenciones sobre los salarios y posteriormente ingresarlas en la Agencia Tributaria.

El certificado constituye también un instrumento de **transparencia fiscal**, ya que permite al trabajador conocer con precisión la información que la empresa ha comunicado a la Administración tributaria respecto a sus ingresos y retenciones.

Además, el certificado sirve como documento justificativo en caso de discrepancias o comprobaciones fiscales, ya que refleja las cantidades efectivamente declaradas por el pagador ante la Agencia Tributaria.

Contenido del certificado de retenciones

El certificado de retenciones suele incluir los siguientes apartados principales:

1. **Datos identificativos del pagador**

   Se incluyen los datos de la empresa o entidad que ha realizado los pagos:

   - Nombre o razón social.
   - Número de identificación fiscal (NIF).
   - Domicilio fiscal.

2. **Datos identificativos del perceptor**

Se reflejan los datos del trabajador que ha percibido los rendimientos:

- Nombre y apellidos.
- Número de identificación fiscal.
- Situación laboral durante el ejercicio.

3. **Rendimientos íntegros del trabajo**

Se indica el importe total de las cantidades percibidas por el trabajador durante el ejercicio fiscal en concepto de rendimientos del trabajo.

Estas cantidades pueden incluir:

- Salario base.
- Complementos salariales.
- Pagas extraordinarias.
- Horas extraordinarias.
- Incentivos o primas.
- Retribuciones en especie.

4. **Reducciones aplicadas**

En su caso, se indican las reducciones aplicadas sobre los rendimientos del trabajo de acuerdo con la normativa fiscal.

5. **Retenciones practicadas**

Se refleja el importe total de las retenciones de IRPF practicadas por la empresa a lo largo del ejercicio.

6. **Ingresos a cuenta**

Cuando existen retribuciones en especie, la empresa puede realizar ingresos a cuenta del impuesto en nombre del trabajador. Estas cantidades también se reflejan en el certificado.

Utilidad del certificado de retenciones

El certificado de retenciones cumple diversas funciones dentro del sistema fiscal:

- Permite al trabajador comprobar las cantidades retenidas durante el ejercicio.

- Facilita la elaboración de la declaración anual del IRPF.

- Sirve como documento justificativo de los ingresos y retenciones.

- Permite verificar que la información declarada por la empresa coincide con la que figura en los datos fiscales de la Agencia Tributaria.

En la actualidad, gran parte de la información contenida en el certificado de retenciones es utilizada por la Administración tributaria para elaborar los datos fiscales y borradores de declaración de la renta que se ponen a disposición de los contribuyentes.

4.5.1 Obligaciones del pagador

Dentro del sistema de retenciones del IRPF, las empresas y demás entidades que abonan rendimientos del trabajo actúan como retenedoras del impuesto. Esto significa que tienen la obligación de practicar retenciones sobre los pagos que realizan a los trabajadores y de ingresar dichas cantidades en la Agencia Tributaria.

Como consecuencia de esta función, los pagadores deben cumplir una serie de **obligaciones fiscales y administrativas** relacionadas con la gestión de las retenciones.

Obligación de practicar retenciones

La primera obligación del pagador consiste en aplicar correctamente las retenciones del IRPF sobre los rendimientos del trabajo abonados a los trabajadores.

Para ello, la empresa debe:

▸ Calcular el tipo de retención aplicable a cada trabajador.

▸ Aplicar dicho porcentaje sobre los rendimientos del trabajo.

▸ Reflejar la retención en el recibo de salarios o nómina.

Obligación de ingresar las retenciones

Una vez practicadas las retenciones, el pagador debe ingresar las cantidades retenidas en la Agencia Tributaria dentro de los plazos establecidos por la normativa fiscal.

Este ingreso se realiza mediante las declaraciones periódicas de retenciones, que pueden presentarse con periodicidad mensual o trimestral dependiendo del volumen de operaciones de la empresa.

Obligación de presentar declaraciones informativas

Además de ingresar las retenciones, el pagador debe presentar determinadas declaraciones informativas en las que se detallan las cantidades abonadas a los trabajadores y las retenciones practicadas.

Estas declaraciones permiten a la Administración tributaria controlar el correcto cumplimiento de las obligaciones fiscales.

Obligación de expedir el certificado de retenciones

Otra obligación fundamental del pagador consiste en emitir y entregar al trabajador el certificado de retenciones correspondiente al ejercicio fiscal.

Este documento debe reflejar fielmente los datos declarados por la empresa ante la Agencia Tributaria.

La empresa debe garantizar que el certificado contenga información correcta y completa, ya que el trabajador utilizará este documento para realizar su declaración de la renta.

Responsabilidad del pagador

El pagador es responsable de:

▸ Aplicar correctamente el tipo de retención.

▸ Ingresar las cantidades retenidas.

▸ Declarar correctamente los datos a la Administración tributaria.

El incumplimiento de estas obligaciones puede dar lugar a sanciones administrativas, recargos e intereses, ya que la empresa actúa como intermediaria en la recaudación del impuesto.

4.5.2 Términos y plazos

La normativa fiscal establece determinados plazos y condiciones para la emisión y entrega del certificado de retenciones, con el fin de garantizar que los contribuyentes dispongan de la información necesaria para cumplir con sus obligaciones tributarias.

Plazo de entrega del certificado

El certificado de retenciones correspondiente a un ejercicio fiscal debe ser entregado al trabajador antes del inicio de la campaña de declaración del IRPF, que generalmente comienza en los meses de primavera del año siguiente al ejercicio fiscal.

Por ejemplo:

▸ Las retenciones correspondientes al ejercicio 2025 deberán certificarse y entregarse durante los primeros meses de 2026.

La normativa establece que el certificado debe **entregarse** con anterioridad al comienzo del periodo de presentación de la declaración de la renta, para que el trabajador pueda utilizarlo en la elaboración de su declaración.

Forma de entrega

El certificado puede entregarse al trabajador de diferentes formas:

▸ En formato papel, firmado por la empresa.

▸ En formato electrónico o digital, siempre que se garantice la autenticidad del documento.

En la actualidad, muchas empresas proporcionan el certificado a través de plataformas internas de gestión de recursos humanos o mediante correo electrónico.

Conservación de la documentación

Las empresas deben conservar la documentación relacionada con las retenciones practicadas durante los plazos establecidos por la normativa fiscal.

Esta documentación puede ser requerida por la Administración tributaria en caso de:

▸ Procedimientos de comprobación.

▸ Inspecciones fiscales.

▸ Reclamaciones o discrepancias.

Importancia de cumplir los plazos

El cumplimiento de los plazos establecidos para la emisión del certificado de retenciones es fundamental para garantizar el correcto funcionamiento del sistema fiscal.

Si el trabajador no recibe el certificado en el plazo adecuado, puede tener dificultades para elaborar su declaración de la renta o para verificar la información contenida en los datos fiscales facilitados por la Agencia Tributaria.

Por este motivo, las empresas deben establecer procedimientos administrativos que permitan preparar y entregar estos certificados de forma **puntual, precisa y conforme a la normativa fiscal vigente**.

4.6 CUESTIONARIO

1. ¿Qué se entiende por retribución salarial?

a) La cantidad que paga el Estado al trabajador.

b) La compensación económica que recibe el trabajador por su trabajo.

c) El conjunto de impuestos que paga el trabajador.

d) Únicamente el salario base.

2. ¿Qué grava el Impuesto sobre la Renta de las Personas Físicas (IRPF)?

a) El consumo de bienes y servicios.

b) La renta obtenida por las personas físicas.

c) El patrimonio de las empresas.

d) Las transacciones financieras.

3. ¿Qué documento justifica el pago del salario al trabajador y detalla su composición?

a) El contrato de trabajo.

b) El recibo de salarios o nómina.

c) El convenio colectivo.

d) El certificado de empresa.

4. ¿Qué representa el total devengado en una nómina?

a) El salario neto recibido.

b) Las deducciones aplicadas.

c) El conjunto de percepciones antes de deducciones.

d) El salario base únicamente.

5. ¿Qué son las retenciones del IRPF en la nómina?

a) Un impuesto adicional sobre el salario.

b) Un pago anticipado del impuesto.

c) Una deducción voluntaria del trabajador.

d) Un descuento por Seguridad Social.

6. ¿Quién está obligado a practicar las retenciones del IRPF en los salarios?

a) El trabajador.

b) La Agencia Tributaria.

c) La empresa o empleador.

d) El banco del trabajador.

7. **¿Cuál de los siguientes es un ejemplo de retribución en especie?**

a) Pago de horas extraordinarias.

b) Transferencia bancaria mensual.

c) Uso de un vehículo de empresa para fines personales.

d) Retención de IRPF.

8. **¿Qué es el salario líquido o neto?**

a) El salario antes de impuestos.

b) El total devengado.

c) El importe final que recibe el trabajador tras deducciones.

d) El salario base más complementos.

9. **¿Qué documento utiliza el trabajador para comunicar sus datos personales al pagador a efectos del IRPF?**

a) Modelo 100.

b) Modelo 303.

c) Modelo 145.

d) Modelo 347.

10. ¿Para qué sirve el certificado de retenciones?

a) Para calcular el salario bruto.

b) Para justificar los ingresos y retenciones en la declaración de la renta.

c) Para pagar impuestos directamente.

d) Para solicitar prestaciones sociales.

Respuestas

1. b		6. c	
2. b		7. c	
3. b		8. c	
4. c		9. c	
5. b		10. b	

Aplicaciones informáticas de administración de recursos humanos

5

Aplicaciones informáticas de gestión de recursos humanos

En la actualidad, la gestión de los recursos humanos en las organizaciones se apoya de forma fundamental en el uso de **aplicaciones informáticas especializadas** que permiten automatizar, organizar y controlar los procesos relacionados con la administración del personal. Estas herramientas informáticas facilitan la realización de tareas administrativas complejas, reducen la posibilidad de errores y permiten gestionar grandes volúmenes de información de forma eficiente.

Las aplicaciones informáticas de gestión de recursos humanos son programas diseñados para administrar de manera integrada todos los aspectos relacionados con el personal de una organización. Entre las funciones más habituales que ofrecen estas aplicaciones se encuentran:

- Gestión de datos de los trabajadores.
- Elaboración y gestión de nóminas.
- Cálculo de cotizaciones a la Seguridad Social.
- Gestión de retenciones del IRPF.
- Control de asistencia y jornadas laborales.
- Gestión de contratos de trabajo.
- Seguimiento de vacaciones, permisos y ausencias.
- Elaboración de informes y estadísticas sobre el personal.

La incorporación de estas herramientas informáticas responde a la necesidad de modernizar los procesos administrativos y mejorar la eficiencia en la gestión del capital humano. Las empresas manejan gran cantidad de información relacionada con sus trabajadores, como datos personales, contratos, retribuciones, cotizaciones o evaluaciones de desempeño. Sin el apoyo de sistemas informáticos adecuados, la gestión manual de estos procesos resultaría extremadamente compleja.

Además, la normativa laboral, fiscal y de Seguridad Social exige que las empresas cumplan con numerosas obligaciones administrativas, como la comunicación de datos a la Seguridad Social, la presentación de declaraciones fiscales o la elaboración de documentos oficiales relacionados con los trabajadores. Las aplicaciones informáticas permiten automatizar estos procesos y garantizar que se realizan de acuerdo con la normativa vigente.

Otro aspecto importante es la capacidad de estas herramientas para integrar diferentes procesos dentro de un único sistema de gestión, lo que facilita la coordinación entre los distintos departamentos de la empresa, especialmente entre los departamentos de recursos humanos, administración y contabilidad.

Por ejemplo, un sistema informático de recursos humanos puede integrar:

- La gestión de contratos laborales.
- El cálculo automático de nóminas.
- La generación de documentos de cotización.
- La comunicación telemática con la Seguridad Social y la Agencia Tributaria.

De este modo, se reduce la duplicación de tareas y se mejora la precisión de la información.

Asimismo, muchas de estas aplicaciones incorporan funcionalidades avanzadas que permiten gestionar aspectos estratégicos del capital humano, como la planificación de plantillas, la gestión del talento o la evaluación del desempeño.

En el entorno empresarial actual, caracterizado por la digitalización de los procesos administrativos, el uso de aplicaciones informáticas de gestión de recursos humanos se ha convertido en una herramienta imprescindible para garantizar la eficiencia, la precisión y el cumplimiento de las obligaciones legales relacionadas con la gestión del personal.

5.1 ELECCIÓN DE LA APLICACIÓN INFORMÁTICA

La elección de una aplicación informática para la gestión de recursos humanos es una decisión estratégica para cualquier organización, ya que de ella depende en gran medida la eficiencia con la que se gestionarán los procesos relacionados con el personal.

Seleccionar una herramienta adecuada requiere analizar diferentes factores, como las necesidades específicas de la empresa, el tamaño de la organización, el número de trabajadores y el tipo de actividades que se desarrollan.

Una aplicación informática eficaz debe ser capaz de adaptarse a las características y necesidades de la empresa, proporcionando herramientas que permitan gestionar de forma eficiente los procesos administrativos relacionados con el personal.

Análisis de las necesidades de la empresa

Antes de seleccionar una aplicación informática es necesario realizar un análisis detallado de las necesidades de la organización. Este análisis debe tener en cuenta diferentes aspectos, entre los que se encuentran:

▶ El número de trabajadores de la empresa.

▶ La complejidad de la estructura organizativa.

▶ El volumen de procesos administrativos relacionados con el personal.

▶ Las obligaciones legales en materia laboral, fiscal y de Seguridad Social.

▶ El grado de digitalización existente en la organización.

Por ejemplo, una pequeña empresa con pocos trabajadores puede necesitar una aplicación sencilla para la gestión de nóminas y contratos, mientras que una gran organización puede requerir un sistema más complejo que integre diferentes módulos de gestión del talento, formación o evaluación del desempeño.

Funcionalidades de la aplicación

Otro aspecto fundamental en la elección de la aplicación informática es analizar las funcionalidades que ofrece el software. Entre las funciones más importantes que debe incluir una aplicación de gestión de recursos humanos se encuentran:

- Gestión de datos personales de los trabajadores.
- Elaboración automática de nóminas.
- Cálculo de cotizaciones a la Seguridad Social.
- Gestión de retenciones del IRPF.
- Generación de contratos de trabajo.
- Control de presencia y gestión de horarios.
- Gestión de vacaciones y ausencias.
- Elaboración de informes y estadísticas.

Es importante que la aplicación permita actualizar automáticamente la normativa laboral y fiscal, ya que estos aspectos cambian con frecuencia y pueden afectar al cálculo de nóminas o cotizaciones.

Integración con otros sistemas

Las aplicaciones de recursos humanos deben ser capaces de integrarse con otros sistemas informáticos utilizados por la empresa, como programas de contabilidad, sistemas de gestión empresarial (ERP) o plataformas de gestión documental.

La integración de sistemas permite compartir información entre diferentes departamentos y evitar la duplicación de datos.

Por ejemplo, los datos de las nóminas pueden integrarse automáticamente en el sistema contable de la empresa, facilitando el registro de los gastos de personal.

Seguridad y protección de datos

La gestión de recursos humanos implica el tratamiento de información personal sensible, como datos identificativos, datos salariales o información relacionada con la salud laboral.

Por este motivo, es fundamental que la aplicación informática cumpla con las normativas de protección de datos personales, como el Reglamento General de Protección de Datos (RGPD).

El sistema debe garantizar:

◤ La confidencialidad de la información.

◤ El control de accesos a los datos.

◤ La trazabilidad de las operaciones realizadas.

◤ La protección frente a accesos no autorizados.

Facilidad de uso y formación

Otro aspecto relevante es la facilidad de uso de la aplicación. Un sistema demasiado complejo puede dificultar su utilización por parte del personal encargado de la gestión administrativa.

Por ello, es importante que la aplicación disponga de:

◤ Interfaces intuitivas.

◤ Sistemas de ayuda y asistencia.

◤ Manuales de uso claros.

◤ Posibilidad de formación para los usuarios.

Una herramienta fácil de utilizar contribuye a mejorar la eficiencia en la gestión de los procesos de recursos humanos.

Coste de la aplicación

El coste también es un factor importante en la elección del software. Este coste puede incluir:

◤ Licencias de uso.

◤ Costes de instalación o implantación.

◤ Mantenimiento y actualizaciones.

◤ Formación del personal.

Las empresas deben valorar la relación entre el coste del sistema y los beneficios que aporta en términos de eficiencia y mejora de la gestión.

Escalabilidad y actualización

Finalmente, es importante que la aplicación informática tenga capacidad de adaptarse al crecimiento de la empresa. Esto significa que debe permitir ampliar sus funcionalidades o gestionar un mayor número de trabajadores sin necesidad de cambiar completamente de sistema.

Asimismo, el software debe mantenerse actualizado conforme a los cambios en la normativa laboral y fiscal, lo que garantiza que los procesos administrativos se realicen de acuerdo con la legislación vigente.

En definitiva, la elección de una aplicación informática adecuada es un elemento clave para garantizar una gestión eficiente de los recursos humanos y para asegurar el cumplimiento de las obligaciones legales relacionadas con la administración del personal.

5.1.1   Criterios técnicos

Los **criterios técnicos** constituyen uno de los aspectos fundamentales a tener en cuenta en el proceso de selección de una aplicación informática para la gestión de recursos humanos. Estos criterios se refieren a las características tecnológicas y funcionales del software, así como a su capacidad para integrarse adecuadamente en la infraestructura informática de la empresa.

La evaluación de los criterios técnicos permite determinar si la aplicación es capaz de responder de manera eficaz a las necesidades operativas de la organización y si garantiza un funcionamiento estable, seguro y adaptado a los requisitos tecnológicos actuales.

Compatibilidad con la infraestructura tecnológica

Uno de los primeros aspectos que deben analizarse es la compatibilidad del software con los sistemas informáticos existentes en la empresa. La aplicación debe poder instalarse y ejecutarse correctamente en los equipos, sistemas operativos y redes que utiliza la organización.

Es necesario comprobar, entre otros aspectos:

- Compatibilidad con los sistemas operativos utilizados (Windows, Linux u otros).
- Requisitos de hardware necesarios para su funcionamiento.

▸ Capacidad de integración con redes locales o sistemas en la nube.

▸ Posibilidad de acceso remoto o trabajo en entornos web.

Una aplicación que no sea compatible con la infraestructura tecnológica existente puede generar problemas de funcionamiento o requerir inversiones adicionales en equipamiento informático.

Funcionalidad y cobertura de procesos

Otro criterio técnico esencial es la capacidad funcional del software, es decir, el conjunto de procesos que la aplicación puede gestionar dentro del área de recursos humanos.

Una aplicación completa de gestión de recursos humanos debe ser capaz de cubrir, al menos, los siguientes procesos:

▸ Gestión de datos personales de los trabajadores.

▸ Administración de contratos laborales.

▸ Elaboración y gestión de nóminas.

▸ Cálculo automático de cotizaciones a la Seguridad Social.

▸ Gestión de retenciones del IRPF.

▸ Control de presencia y gestión de jornadas laborales.

▸ Gestión de vacaciones, permisos y ausencias.

▸ Elaboración de informes y estadísticas de personal.

Cuanto mayor sea la capacidad funcional de la aplicación, mayor será su utilidad para la empresa.

Automatización de procesos administrativos

Las aplicaciones informáticas modernas deben permitir la automatización de tareas administrativas repetitivas, lo que contribuye a mejorar la eficiencia y reducir el riesgo de errores humanos.

Entre los procesos que pueden automatizarse se encuentran:

▸ Cálculo automático de nóminas.

▸ Generación de documentos oficiales.

▸ Comunicación telemática con organismos públicos.

▸ Actualización automática de bases de datos.

La automatización permite reducir el tiempo dedicado a tareas administrativas y facilita la gestión de grandes volúmenes de información.

Integración con sistemas externos

Otro criterio técnico relevante es la capacidad de integración con otros sistemas informáticos utilizados por la empresa.

Las aplicaciones de recursos humanos suelen necesitar comunicarse con:

- Sistemas de contabilidad.
- Sistemas de planificación empresarial (ERP).
- Plataformas de gestión documental.
- Sistemas de control de presencia.
- Servicios telemáticos de la Administración pública.

La integración de sistemas permite compartir información entre diferentes departamentos y evita la duplicación de datos.

Seguridad y protección de la información

La gestión de recursos humanos implica el tratamiento de información sensible relacionada con los trabajadores, como datos personales, información salarial o datos relacionados con la salud laboral.

Por este motivo, el software debe garantizar altos niveles de seguridad informática y protección de datos.

Entre las medidas de seguridad que deben evaluarse se encuentran:

- Control de accesos mediante usuarios y contraseñas.
- Sistemas de autorización por niveles de acceso.
- Cifrado de datos sensibles.
- Copias de seguridad periódicas.
- Registro de actividades realizadas en el sistema.

Estas medidas son especialmente importantes para cumplir con las normativas de protección de datos personales.

Actualización normativa

La normativa laboral, fiscal y de Seguridad Social está sujeta a cambios frecuentes. Por ello, es fundamental que la aplicación informática permita actualizar automáticamente los parámetros legales que afectan a la gestión de nóminas y cotizaciones.

Esto incluye, por ejemplo:

▼ Cambios en las bases de cotización.

▼ Modificaciones en los tipos de cotización.

▼ Actualización de los tipos de retención del IRPF.

▼ Adaptación a nuevas obligaciones administrativas.

La actualización normativa garantiza que los procesos administrativos se realicen conforme a la legislación vigente.

5.1.2   Criterios económicos

Además de los aspectos técnicos, la selección de una aplicación informática de gestión de recursos humanos debe considerar también una serie de criterios económicos, que permiten evaluar el coste total del sistema y su impacto en el presupuesto de la empresa.

El objetivo es seleccionar una solución tecnológica que ofrezca un equilibrio adecuado entre coste y funcionalidad, garantizando que la inversión realizada genere beneficios en términos de eficiencia y mejora de la gestión.

Coste de adquisición

El primer elemento económico que debe analizarse es el coste de adquisición del software.

Dependiendo del modelo de comercialización, este coste puede incluir:

▼ Licencia de uso del programa.

▼ Coste de instalación o implantación.

▼ Configuración inicial del sistema.

En algunos casos, las aplicaciones se comercializan mediante un pago único por licencia, mientras que en otros casos se utilizan modelos de suscripción periódica.

Costes de mantenimiento y actualización

Además del coste inicial, es necesario tener en cuenta los costes de mantenimiento del software, que pueden incluir:

- Actualizaciones del programa.
- Adaptaciones a cambios normativos.
- Soporte técnico.
- Corrección de errores.

Estos costes suelen abonarse mediante cuotas periódicas y deben considerarse dentro del coste total del sistema.

Costes de formación

La implantación de una nueva aplicación informática puede requerir la formación del personal encargado de utilizar el sistema.

La formación puede incluir:

- Cursos de capacitación para usuarios.
- Manuales y materiales de aprendizaje.
- Sesiones de formación impartidas por el proveedor del software.

El coste de la formación debe incluirse dentro de la evaluación económica del sistema.

Costes de adaptación e integración

En algunos casos, la implantación de un nuevo sistema informático puede requerir adaptaciones técnicas para integrarlo con otros sistemas existentes en la empresa.

Estas adaptaciones pueden generar costes adicionales relacionados con:

▼ Desarrollo de interfaces entre sistemas.

▼ Migración de datos desde sistemas anteriores.

▼ Adaptación de procesos internos.

Retorno de la inversión

La evaluación económica no debe limitarse al análisis de costes. También es importante analizar los beneficios que la aplicación puede aportar a la empresa.

Entre los beneficios más importantes se encuentran:

▼ Reducción del tiempo dedicado a tareas administrativas.

▼ Disminución de errores en la gestión de nóminas y cotizaciones.

▼ Mejora en el control de la información del personal.

▼ Mayor eficiencia en la gestión de los recursos humanos.

Estos beneficios pueden traducirse en un retorno de la inversión, ya que la automatización de procesos puede generar importantes ahorros de tiempo y recursos.

5.1.3   Criterios organizativos

Además de los criterios técnicos y económicos, la selección de una aplicación informática de gestión de recursos humanos debe tener en cuenta también una serie de criterios organizativos, que se refieren a la forma en que el sistema se adapta a la estructura, los procesos y las necesidades de la organización.

Estos criterios permiten evaluar si la aplicación contribuirá a mejorar la organización interna de la empresa y a facilitar la gestión del personal.

Adaptación a la estructura de la empresa

Cada organización tiene una estructura interna específica, que puede incluir diferentes departamentos, niveles jerárquicos y áreas funcionales.

La aplicación informática debe ser capaz de adaptarse a esta estructura organizativa, permitiendo gestionar:

- Diferentes departamentos o áreas.
- Distintos centros de trabajo.
- Diversas categorías profesionales.
- Diferentes niveles de responsabilidad.

Una aplicación flexible permitirá representar adecuadamente la estructura de la empresa y facilitar la gestión de la información del personal.

Gestión de flujos de trabajo

Las aplicaciones modernas de recursos humanos suelen incorporar herramientas para la gestión de flujos de trabajo, que permiten organizar y automatizar los procesos administrativos relacionados con el personal.

Por ejemplo, el sistema puede gestionar automáticamente procesos como:

- Solicitudes de vacaciones.
- Aprobación de permisos.
- Tramitación de contratos.
- Evaluaciones de desempeño.

La automatización de estos procesos contribuye a mejorar la eficiencia organizativa.

Acceso de diferentes usuarios al sistema

En muchas organizaciones, diferentes departamentos necesitan acceder a la información relacionada con los trabajadores.

Por ejemplo:

- El departamento de recursos humanos gestiona contratos y nóminas.
- El departamento de contabilidad gestiona los costes salariales.
- Los responsables de equipos pueden gestionar horarios o vacaciones.

Por este motivo, la aplicación debe permitir diferentes niveles de acceso para distintos usuarios, garantizando al mismo tiempo la seguridad de la información.

Adaptación a los procedimientos internos

Cada empresa tiene sus propios procedimientos administrativos y organizativos. La aplicación informática debe ser lo suficientemente flexible como para adaptarse a estos procedimientos, permitiendo configurar:

- ▼ Tipos de contratos utilizados por la empresa.
- ▼ Políticas internas de gestión del tiempo de trabajo.
- ▼ Sistemas de evaluación del desempeño.
- ▼ Procedimientos de comunicación interna.

Una aplicación adaptable facilita su implantación y reduce la necesidad de modificar los procesos internos de la empresa.

Apoyo a la toma de decisiones

Finalmente, las aplicaciones de recursos humanos deben ofrecer herramientas que permitan analizar la información relacionada con el personal y apoyar la toma de decisiones.

Estas herramientas pueden incluir:

- ▼ Informes sobre costes salariales.
- ▼ Estadísticas de rotación del personal.
- ▼ Indicadores de productividad.
- ▼ Análisis de absentismo laboral.

El acceso a esta información permite a los responsables de la empresa tomar decisiones estratégicas relacionadas con la gestión del capital humano.

En conclusión, los criterios organizativos permiten evaluar la capacidad de la aplicación informática para integrarse en el funcionamiento interno de la empresa y contribuir a mejorar la gestión de los recursos humanos desde una perspectiva estratégica y operativa.

5.2 INSTALACIÓN Y CONFIGURACIÓN DEL SOFTWARE

La implantación de una aplicación informática de gestión laboral constituye un paso fundamental para poder realizar de forma eficiente las tareas relacionadas con la administración de personal, el cálculo de nóminas y la gestión de las obligaciones laborales de la empresa.

En el ámbito formativo y profesional existen diferentes programas especializados en la gestión de nóminas y seguros sociales. Entre ellos destaca **NOMINASOL**, una aplicación ampliamente utilizada en empresas, asesorías laborales y centros de formación debido a su facilidad de uso y a su capacidad para gestionar de forma integral todos los procesos relacionados con la gestión laboral.

Para facilitar el aprendizaje y el uso correcto del programa NOMINASOL, es recomendable consultar la información y los recursos de ayuda que ofrece el propio desarrollador del software. NOMINASOL es una aplicación de gestión laboral desarrollada por Software DELSOL, diseñada para gestionar nóminas, contratos, cotizaciones a la Seguridad Social y documentos fiscales de forma sencilla e integrada.

La información general sobre el programa, sus características y las opciones de descarga puede consultarse en la página oficial del producto:

https://www.sdelsol.com/nominasol/

En esta web se describen las principales funcionalidades del programa, las diferentes modalidades de uso y las ventajas que ofrece para la gestión administrativa de los recursos humanos.

Además, Software DELSOL pone a disposición de los usuarios una **biblioteca completa de documentación y manuales de ayuda**, donde es posible encontrar guías detalladas sobre el funcionamiento del programa, instrucciones de instalación, manuales de uso y explicaciones paso a paso sobre las distintas operaciones que pueden realizarse en la aplicación.

Estos documentos pueden consultarse en el siguiente enlace:

https://www.sdelsol.com/documentacion/nominasol/

La consulta de estos recursos resulta especialmente útil tanto para usuarios que comienzan a trabajar con el programa como para aquellos que desean profundizar en sus funcionalidades. La documentación disponible permite resolver dudas sobre la utilización del software y proporciona ejemplos prácticos que facilitan la comprensión de los distintos procesos de gestión laboral que pueden realizarse con NOMINASOL.

Una de las principales ventajas de este software es que dispone de una **versión educativa gratuita**, lo que lo convierte en una herramienta especialmente adecuada para el aprendizaje en entornos formativos. Gracias a esta versión, los estudiantes pueden practicar con una aplicación real utilizada en el ámbito profesional, lo que facilita la adquisición de competencias prácticas relacionadas con la gestión de nóminas y recursos humanos.

El programa permite realizar numerosas tareas administrativas, entre las que se encuentran:

- ▼ Elaboración de nóminas y finiquitos.
- ▼ Gestión de contratos laborales.
- ▼ Control de altas, bajas y variaciones de datos de trabajadores.
- ▼ Cálculo de cotizaciones a la Seguridad Social.
- ▼ Generación de seguros sociales.
- ▼ Gestión de incidencias laborales (bajas médicas, ausencias, permisos, etc.).
- ▼ Comunicación telemática con organismos públicos.

Además, el software permite trabajar con múltiples empresas dentro de la misma aplicación, lo que resulta especialmente útil tanto en el ámbito empresarial como en el educativo, ya que permite simular diferentes situaciones laborales y realizar prácticas completas de gestión de personal.

El proceso de instalación del programa es sencillo y se realiza mediante un asistente que guía al usuario paso a paso hasta completar la configuración inicial del sistema. Una vez instalado, el usuario puede comenzar a trabajar creando una empresa nueva, utilizando datos de prueba o importando información desde otros programas de gestión laboral.

Gracias a estas características, NOMINASOL se convierte en una herramienta especialmente adecuada para la enseñanza de la gestión laboral, ya que permite combinar el aprendizaje teórico con la práctica en un entorno informático real.

5.2.1 Software de la aplicación

El software de la aplicación hace referencia al programa informático utilizado para realizar la gestión laboral de la empresa. En este caso, se emplea la aplicación NOMINASOL, un programa diseñado específicamente para la gestión de nóminas, contratos laborales y seguros sociales.

Este software forma parte de un conjunto de aplicaciones desarrolladas para la gestión empresarial que permiten automatizar numerosas tareas administrativas relacionadas con la gestión de los trabajadores.

Entre las características principales del software NOMINASOL destacan las siguientes:

Gestión completa de nóminas

El programa permite elaborar de forma automática las nóminas de los trabajadores, realizando todos los cálculos necesarios relacionados con:

- Salario base.
- Complementos salariales.
- Cotizaciones a la Seguridad Social.
- Retenciones del IRPF.

El sistema incorpora las tablas oficiales de cotización y retención, lo que facilita el cumplimiento de la normativa vigente.

Gestión de contratos laborales

NOMINASOL dispone de una base de datos con los modelos oficiales de contratos laborales, lo que permite generar y gestionar diferentes tipos de contratos de trabajo.

Además, el programa permite generar los archivos necesarios para comunicar los contratos a la Administración mediante la plataforma **Contrat@**.

Gestión de incidencias laborales

El programa permite registrar diferentes incidencias relacionadas con la actividad laboral de los trabajadores, como:

- Bajas por incapacidad temporal.
- Ausencias justificadas o injustificadas.
- Vacaciones.
- Permisos laborales.
- Huelgas.

Estas incidencias se tienen en cuenta automáticamente en el cálculo de las nóminas.

Integración con organismos oficiales

Una de las ventajas más importantes de NOMINASOL es su capacidad para generar los archivos necesarios para realizar trámites con diferentes organismos públicos.

El programa permite generar ficheros compatibles con:

- Sistema RED / SILTRA de la Seguridad Social.
- Contrat@ para la comunicación de contratos.
- Certific@2 para certificados de empresa.
- Agencia Tributaria (modelos fiscales relacionados con el IRPF).

Esta integración facilita el cumplimiento de las obligaciones administrativas de la empresa.

Gestión de múltiples empresas

Otra característica relevante del programa es que permite gestionar varias empresas dentro de la misma aplicación.

Esto resulta especialmente útil en asesorías laborales o en entornos formativos, donde es necesario trabajar con diferentes supuestos prácticos.

Interfaz intuitiva

La interfaz del programa está diseñada para ser clara y fácil de utilizar. El entorno de trabajo se organiza mediante una cinta de opciones similar a la utilizada en programas de ofimática, lo que facilita su aprendizaje incluso para usuarios con poca experiencia informática.

5.2.2   Periféricos necesarios

Para poder utilizar correctamente una aplicación informática de gestión laboral como NOMINASOL es necesario disponer de un equipo informático adecuado y de una serie de periféricos que permitan introducir datos, visualizar la información y generar documentación administrativa.

Los periféricos más habituales utilizados en este tipo de aplicaciones son los siguientes.

Ordenador

El elemento principal para la utilización del programa es el ordenador, que puede ser un equipo de sobremesa o un ordenador portátil.

El equipo debe disponer de las características técnicas necesarias para ejecutar el programa correctamente, entre las que se incluyen:

▼ Sistema operativo compatible (Windows).

▼ Espacio disponible en el disco duro.

▼ Resolución de pantalla adecuada para visualizar la interfaz del programa.

▼ Conexión a Internet para la comunicación con organismos oficiales.

Monitor

El monitor permite visualizar la interfaz del programa, los datos introducidos y los documentos generados por la aplicación.

Una resolución adecuada de pantalla facilita el trabajo con las diferentes ventanas y opciones del programa.

Teclado

El teclado es el dispositivo utilizado para introducir información en el sistema.

Mediante el teclado se introducen datos como:

- Información de empresas.
- Datos personales de los trabajadores.
- Importes salariales.
- Fechas de contratación o finalización de contratos.

Ratón

El ratón permite desplazarse por la interfaz del programa y seleccionar las diferentes opciones disponibles en la aplicación.

La utilización del ratón facilita la navegación por los distintos menús, botones y herramientas del programa.

Impresora

La impresora es un periférico fundamental para generar documentos laborales en formato físico.

Entre los documentos que pueden imprimirse desde el programa se encuentran:

- Nóminas.
- Contratos laborales.
- Informes de trabajadores.
- Documentos de cotización.

El programa permite configurar una o varias impresoras para su utilización dentro de la aplicación.

Conexión a Internet

Aunque el programa puede utilizarse sin conexión permanente, disponer de acceso a Internet resulta necesario para realizar determinadas operaciones, como:

- Envío de datos a la Seguridad Social.
- Comunicación de contratos.
- Presentación de modelos fiscales.
- Actualización del software.

6

Tablas del sistema

En las aplicaciones informáticas de gestión laboral, las tablas del sistema constituyen un conjunto de datos predefinidos que sirven de base para el funcionamiento del programa. Estas tablas contienen información estructurada que se utiliza de forma automática en diferentes procesos del sistema, como la creación de empresas, la gestión de trabajadores, la elaboración de nóminas o la generación de documentos oficiales.

En programas de gestión laboral como NOMINASOL, las tablas del sistema permiten almacenar y organizar información general que es utilizada de forma repetida en diferentes operaciones. Gracias a estas tablas, el usuario no necesita introducir manualmente determinados datos cada vez que realiza una operación, ya que el programa los recupera automáticamente de la base de datos interna.

Las tablas del sistema cumplen varias funciones importantes:

- ▼ Facilitan la introducción de datos mediante listas desplegables.
- ▼ Garantizan la coherencia de la información almacenada.
- ▼ Permiten automatizar procesos administrativos.
- ▼ Evitan errores en la introducción de datos.

Por ejemplo, cuando se introduce la dirección de una empresa o de un trabajador, el programa permite seleccionar el municipio y la provincia a partir de tablas previamente definidas. De este modo se asegura que los datos introducidos sean correctos y estén normalizados.

Dentro de NOMINASOL, las tablas del sistema se organizan en diferentes categorías, entre las que destacan las tablas generales, las tablas laborales y las tablas relacionadas con organismos oficiales. Estas tablas se encuentran integradas en el sistema y pueden ser consultadas o modificadas desde las opciones de configuración del programa.

6.1 TABLAS GENERALES

Las tablas generales contienen información básica utilizada en múltiples procesos del sistema. Se trata de datos de carácter general que no están directamente relacionados con un trabajador o con una empresa concreta, sino que forman parte de la estructura general del programa.

Estas tablas permiten simplificar la introducción de información y garantizar la uniformidad de los datos registrados en el sistema.

Entre las tablas generales más utilizadas en el programa se encuentran:

- Calendarios laborales.
- Municipios.
- Provincias.
- Distritos.
- Entidades bancarias.

Cada una de estas tablas desempeña un papel específico dentro del funcionamiento del sistema.

6.1.1 Calendario

La tabla de calendario es una de las tablas más importantes dentro del sistema de gestión laboral, ya que permite definir los días laborables, los días festivos y otros aspectos relacionados con la jornada de trabajo.

En el contexto de la gestión de nóminas y recursos humanos, el calendario laboral resulta fundamental para determinar:

- La jornada de trabajo anual.
- Los días festivos nacionales, autonómicos y locales.
- Los días laborables de cada periodo.
- Los días de descanso.

En programas como NOMINASOL, el calendario laboral se utiliza para realizar cálculos relacionados con:

- El número de días trabajados.
- Las ausencias y permisos.
- Las vacaciones.
- El cálculo proporcional de determinados conceptos salariales.

Por ejemplo, cuando se calcula una nómina, el programa puede utilizar el calendario para determinar si un trabajador ha trabajado todos los días del mes o si existen ausencias que deban tenerse en cuenta en el cálculo del salario.

Además, el calendario laboral permite configurar diferentes jornadas de trabajo, como:

- Jornada completa.
- Jornada parcial.
- Jornadas con horarios irregulares.

El uso de esta tabla facilita el cálculo automático de numerosos procesos relacionados con la gestión del tiempo de trabajo.

6.1.2 Municipios

La tabla de municipios contiene el listado de municipios que pueden utilizarse en el registro de direcciones dentro del sistema.

Esta tabla se utiliza principalmente cuando se introducen datos relacionados con:

- Empresas.
- Trabajadores.
- Centros de trabajo.

Al seleccionar un municipio desde la tabla correspondiente, el programa puede completar automáticamente otros datos asociados, como la provincia o determinados códigos administrativos.

El uso de la tabla de municipios presenta diversas ventajas:

▼ Reduce el tiempo necesario para introducir direcciones.

▼ Evita errores en la escritura de nombres de localidades.

▼ Permite mantener una base de datos homogénea.

El uso de listas desplegables facilita el trabajo del usuario, ya que permite seleccionar el municipio directamente sin necesidad de escribirlo manualmente.

6.1.3   Provincias

La tabla de provincias contiene el listado de las provincias utilizadas dentro del sistema para la identificación geográfica de empresas y trabajadores.

Esta información resulta necesaria en diferentes procesos administrativos, ya que muchas operaciones relacionadas con la gestión laboral dependen de la ubicación territorial de la empresa o del trabajador.

Entre los datos que pueden estar relacionados con la provincia se encuentran:

▼ Delegaciones de la Seguridad Social.

▼ Administraciones de la Agencia Tributaria.

▼ Determinados aspectos del calendario laboral.

Por ejemplo, algunos festivos laborales pueden variar en función de la comunidad autónoma o de la provincia, por lo que esta información resulta relevante para la correcta configuración del calendario laboral.

La tabla de provincias permite seleccionar fácilmente la provincia correspondiente al introducir una dirección dentro del sistema.

6.1.4   Distritos

La tabla de distritos permite organizar determinadas zonas geográficas dentro de una misma localidad o municipio.

En algunos casos, especialmente en grandes ciudades, los distritos se utilizan para identificar áreas administrativas específicas dentro de un municipio.

Aunque su utilización no es obligatoria en todos los casos, esta tabla puede resultar útil para:

- ► Clasificar direcciones dentro de una ciudad.
- ► Organizar centros de trabajo en diferentes zonas.
- ► Facilitar la gestión administrativa en empresas con múltiples sedes.

El uso de esta tabla permite una mayor precisión en la identificación geográfica de empresas y trabajadores.

6.1.5   Entidades bancarias

La tabla de entidades bancarias contiene el listado de las entidades financieras que pueden utilizarse en el registro de datos bancarios dentro del sistema.

Esta tabla resulta especialmente importante en la gestión de nóminas, ya que los trabajadores suelen percibir su salario mediante transferencia bancaria.

Cuando se introducen los datos bancarios de un trabajador, el programa permite seleccionar la entidad financiera correspondiente a partir de esta tabla.

Entre los datos relacionados con las entidades bancarias que pueden gestionarse en el sistema se encuentran:

1. Código de la entidad bancaria.
2. Nombre de la entidad.
3. Datos asociados a la cuenta bancaria.

El uso de esta tabla permite verificar la información bancaria introducida y facilita la generación de órdenes de pago o transferencias de nóminas.

Disponer de una base de datos de entidades bancarias ayuda a reducir errores en la introducción de datos y mejora la fiabilidad de la información almacenada en el sistema.

6.2 TABLAS DE LA SEGURIDAD SOCIAL

Dentro de las aplicaciones informáticas de gestión laboral, las tablas de la Seguridad Social constituyen uno de los elementos más importantes para el correcto cálculo de las nóminas y de las cotizaciones sociales de los trabajadores.

Estas tablas contienen información oficial relacionada con los distintos elementos que intervienen en la cotización al sistema de la Seguridad Social. Entre estos elementos se incluyen, entre otros, las bases de cotización, los tipos de cotización y los grupos de cotización.

En programas de gestión laboral como NOMINASOL, estas tablas se encuentran integradas dentro del sistema y se actualizan periódicamente conforme a la normativa vigente. Esto permite que el programa pueda realizar automáticamente los cálculos relacionados con las cotizaciones sociales sin que el usuario tenga que introducir manualmente todos los parámetros necesarios.

Las tablas de la Seguridad Social permiten al sistema:

- Determinar las bases mínimas y máximas de cotización.
- Aplicar los tipos de cotización correspondientes.
- Clasificar a los trabajadores según su grupo de cotización.
- Calcular automáticamente las cuotas a ingresar a la Seguridad Social.

Gracias a estas tablas, el programa puede generar correctamente los documentos de cotización y los archivos necesarios para su transmisión a través del **Sistema RED o SILTRA**, utilizados para la comunicación electrónica con la Tesorería General de la Seguridad Social.

6.2.1 Bases de cotización

Las bases de cotización representan la cantidad económica sobre la que se aplican los distintos tipos de cotización para calcular las aportaciones que deben realizar tanto la empresa como el trabajador a la Seguridad Social.

En términos generales, la base de cotización está formada por la suma de las retribuciones salariales que percibe el trabajador, incluyendo determinados conceptos adicionales establecidos por la normativa laboral.

Entre los conceptos que suelen formar parte de la base de cotización se encuentran:

- ▼ Salario base.

- ▼ Complementos salariales.

- ▼ Pagas extraordinarias (prorrateadas o no).

- ▼ Horas extraordinarias en determinados supuestos.

No obstante, existen también determinados conceptos que no se incluyen en la base de cotización o que se incluyen únicamente hasta determinados límites, como ocurre con algunas percepciones no salariales.

En el programa NOMINASOL, las bases de cotización se encuentran definidas dentro de las tablas del sistema, lo que permite al software aplicar automáticamente las bases mínimas y máximas establecidas para cada grupo de cotización.

Estas bases se utilizan para calcular diferentes tipos de cotización, como:

- ▼ Contingencias comunes.

- ▼ Contingencias profesionales.

- ▼ Desempleo.

- ▼ Formación profesional.

- ▼ Fondo de Garantía Salarial.

Cuando el programa calcula una nómina, utiliza la información contenida en las tablas de bases de cotización para verificar que el importe utilizado se encuentra dentro de los límites establecidos por la normativa.

Por ejemplo, si la base de cotización calculada para un trabajador es inferior a la base mínima establecida para su grupo de cotización, el sistema ajustará automáticamente la base aplicable al valor mínimo permitido.

Del mismo modo, si la base supera la base máxima establecida, el programa aplicará el límite máximo correspondiente.

6.2.2 Tipos de cotización

Los tipos de cotización representan los porcentajes que se aplican sobre la base de cotización para calcular las cuotas que deben ingresar tanto la empresa como el trabajador en el sistema de la Seguridad Social.

Cada tipo de cotización corresponde a una contingencia o finalidad específica dentro del sistema de protección social.

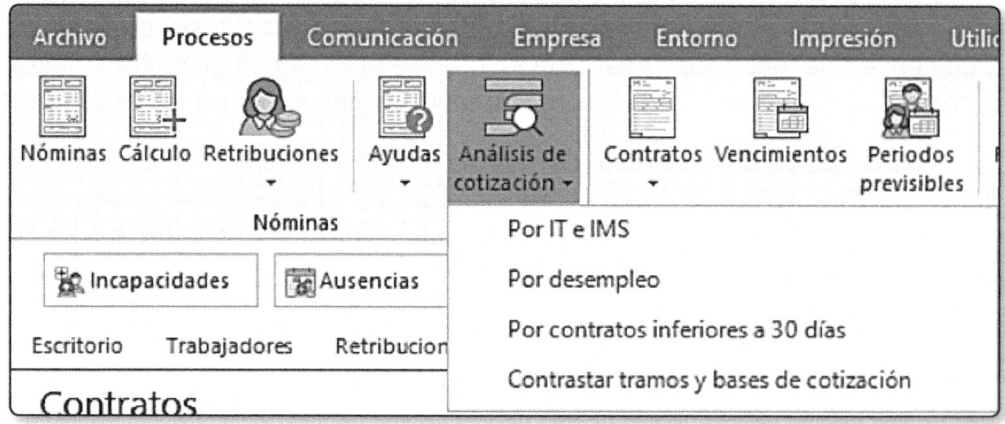

Entre los principales tipos de cotización utilizados en la gestión laboral se encuentran los siguientes:

Contingencias comunes

Las cotizaciones por contingencias comunes tienen como finalidad financiar las prestaciones relacionadas con situaciones como:

- Enfermedad común.
- Accidente no laboral.
- Maternidad o paternidad.
- Jubilación.

Estas cotizaciones se calculan aplicando un porcentaje sobre la base de cotización correspondiente.

Contingencias profesionales

Las contingencias profesionales incluyen las cotizaciones destinadas a cubrir los riesgos derivados de:

- ▼ Accidentes de trabajo.
- ▼ Enfermedades profesionales.

En este caso, el tipo de cotización puede variar en función de la actividad económica de la empresa, ya que determinadas actividades presentan un mayor nivel de riesgo laboral.

Cotización por desempleo

La cotización por desempleo permite financiar las prestaciones económicas que perciben los trabajadores cuando se encuentran en situación de desempleo.

El tipo de cotización puede variar dependiendo del tipo de contrato del trabajador.

Cotización por formación profesional

Esta cotización tiene como finalidad financiar programas de formación dirigidos a mejorar la cualificación profesional de los trabajadores.

Fondo de Garantía Salarial (FOGASA)

El Fondo de Garantía Salarial garantiza el pago de determinados salarios e indemnizaciones a los trabajadores en caso de insolvencia o concurso de la empresa.

En el programa NOMINASOL, todos estos tipos de cotización se encuentran almacenados en las tablas del sistema, lo que permite aplicar automáticamente los porcentajes correspondientes al calcular la nómina de cada trabajador.

Cuando se generan los seguros sociales, el programa utiliza estos datos para calcular las cuotas totales que deben ingresarse a la Seguridad Social.

6.2.3 Grupos de cotización

Los grupos de cotización son categorías utilizadas por la Seguridad Social para clasificar a los trabajadores en función de su nivel profesional y del tipo de trabajo que desempeñan.

Cada grupo de cotización tiene asociadas unas bases mínimas y máximas de cotización que se utilizan para determinar los límites dentro de los cuales debe situarse la base de cotización del trabajador.

En el sistema de la Seguridad Social existen diferentes grupos de cotización que suelen corresponder a distintas categorías profesionales, como por ejemplo:

- Ingenieros y licenciados.
- Ingenieros técnicos, peritos y ayudantes titulados.
- Jefes administrativos y de taller.
- Oficiales administrativos.
- Subalternos.
- Auxiliares administrativos.
- Oficiales de primera y segunda.
- Oficiales de tercera y especialistas.
- Peones.
- Trabajadores menores de edad o trabajadores con características especiales.

En el programa NOMINASOL, los grupos de cotización se utilizan al registrar los datos de cada trabajador. Cuando se da de alta un trabajador en el sistema, es necesario indicar el grupo de cotización al que pertenece.

A partir de esta información, el programa puede:

- Determinar las bases de cotización aplicables.
- Aplicar los límites mínimos y máximos establecidos por la normativa.
- Calcular correctamente las cotizaciones a la Seguridad Social.

Además, los grupos de cotización también se utilizan en la generación de los documentos de cotización y en los archivos que se envían a la Seguridad Social a través de las plataformas electrónicas correspondientes.

El uso de estas tablas dentro del programa permite automatizar gran parte de los cálculos relacionados con la gestión de las cotizaciones sociales, reduciendo significativamente la posibilidad de errores y facilitando el cumplimiento de las obligaciones legales de la empresa.

6.3 TABLAS DEL IRPF

Dentro de las aplicaciones informáticas de gestión laboral, las tablas del IRPF constituyen un conjunto de datos fundamentales para el cálculo de las retenciones fiscales aplicables a los rendimientos del trabajo.

El Impuesto sobre la Renta de las Personas Físicas (IRPF) es un tributo de carácter personal y directo que grava la renta obtenida por las personas físicas. En el ámbito laboral, las empresas actúan como retenedoras, es decir, están obligadas a practicar una retención sobre los salarios que pagan a sus trabajadores e ingresarla posteriormente en la Agencia Tributaria.

Para poder realizar correctamente estos cálculos, las aplicaciones de gestión laboral incorporan una serie de tablas fiscales que contienen la información necesaria para determinar el tipo de retención que corresponde a cada trabajador.

En programas como NOMINASOL, estas tablas se encuentran integradas en el sistema y se actualizan conforme a la normativa fiscal vigente. De este modo, el programa puede calcular automáticamente las retenciones aplicables a cada trabajador teniendo en cuenta diversos factores, como su salario, su situación personal y familiar o los mínimos fiscales establecidos por la legislación.

Las tablas del IRPF permiten al sistema:

▸ Determinar el porcentaje de retención aplicable.

▸ Ajustar la retención en función de la situación personal del trabajador.

▸ Calcular las retenciones correspondientes en cada nómina.

▸ Generar los modelos fiscales correspondientes.

Estas tablas son utilizadas por el programa cada vez que se calcula una nómina o se realiza una regularización de las retenciones.

6.3.1 Tipos de retención

Los tipos de retención representan los porcentajes que se aplican sobre los rendimientos del trabajo para determinar la cantidad que debe retener la empresa en concepto de IRPF.

Cuando una empresa paga el salario a un trabajador, no entrega la totalidad del importe bruto, sino que debe descontar una parte correspondiente a la retención fiscal. Esta cantidad retenida se ingresa posteriormente en la Agencia Tributaria como pago anticipado del impuesto que deberá liquidar el trabajador en su declaración anual de la renta.

El tipo de retención que se aplica a cada trabajador depende de diferentes factores, entre los que destacan:

- ▼ El nivel de ingresos del trabajador.
- ▼ La duración del contrato.
- ▼ La situación personal y familiar.
- ▼ La existencia de discapacidades o circunstancias especiales.

En las aplicaciones informáticas de gestión laboral, los tipos de retención se calculan automáticamente utilizando las tablas fiscales que incorpora el programa.

En NOMINASOL, el sistema utiliza estas tablas para calcular el porcentaje de retención que debe aplicarse a cada trabajador en función de la información introducida en su ficha personal y laboral.

Por ejemplo, si un trabajador tiene un salario anual elevado, el programa aplicará un porcentaje de retención mayor que en el caso de un trabajador con ingresos más bajos.

Este cálculo automático permite garantizar que las retenciones aplicadas se ajusten a la normativa fiscal vigente.

6.3.2 Situación personal y familiar

Uno de los factores más importantes que influyen en el cálculo del tipo de retención del IRPF es la situación personal y familiar del trabajador.

La normativa fiscal establece que determinadas circunstancias personales pueden reducir la carga fiscal del contribuyente. Por este motivo, el cálculo de las retenciones debe tener en cuenta la situación familiar del trabajador.

Entre los aspectos que pueden influir en la determinación del tipo de retención se encuentran:

- ▼ Estado civil del trabajador.
- ▼ Existencia de cónyuge a cargo.
- ▼ Número de hijos o descendientes.
- ▼ Existencia de ascendientes a cargo.
- ▼ Situaciones de discapacidad.

En el momento de incorporarse a la empresa, el trabajador debe comunicar estos datos al pagador mediante el correspondiente modelo de comunicación de datos al pagador, que permite a la empresa calcular correctamente las retenciones aplicables.

En NOMINASOL, esta información se introduce en la ficha del trabajador dentro de los datos fiscales. A partir de estos datos, el programa puede ajustar automáticamente el tipo de retención aplicable en cada nómina.

Por ejemplo, un trabajador con varios hijos a cargo puede tener un tipo de retención inferior al de otro trabajador con el mismo salario pero sin cargas familiares.

Este sistema permite adaptar las retenciones a la situación personal de cada trabajador, evitando que las cantidades retenidas sean excesivas o insuficientes.

6.3.3 Mínimos personales y familiares

Los mínimos personales y familiares representan la parte de la renta del contribuyente que la normativa fiscal considera necesaria para cubrir las necesidades básicas de la persona y de su familia.

Por este motivo, esta parte de la renta no se somete a tributación o se tiene en cuenta para reducir la carga fiscal del contribuyente.

Los mínimos personales y familiares dependen de diferentes factores, entre los que destacan:

▼ La edad del contribuyente.
▼ El número de descendientes.
▼ El número de ascendientes a cargo.
▼ Las situaciones de discapacidad.

Por ejemplo, el sistema fiscal establece mínimos adicionales en casos como:

▼ Contribuyentes mayores de determinada edad.
▼ Personas con discapacidad.
▼ Familias con hijos o descendientes a cargo.

En las aplicaciones informáticas de gestión laboral, los mínimos personales y familiares se encuentran recogidos en las tablas fiscales del sistema.

Cuando se calcula el tipo de retención del IRPF, el programa tiene en cuenta estos mínimos para ajustar el porcentaje aplicable.

En NOMINASOL, el cálculo del tipo de retención utiliza automáticamente esta información para determinar el importe aproximado que debe retenerse en cada nómina.

Esto permite que las retenciones aplicadas se aproximen lo máximo posible al impuesto que el trabajador deberá pagar finalmente en su declaración anual de la renta.

6.3.4 Regularización de retenciones

La regularización de retenciones es el proceso mediante el cual se ajusta el tipo de retención del IRPF cuando se producen cambios en las circunstancias del trabajador o en su nivel de ingresos.

Durante el año pueden producirse diferentes situaciones que obliguen a recalcular el porcentaje de retención aplicado en la nómina.

Entre las situaciones más habituales que pueden requerir una regularización se encuentran:

▸ Cambios en el salario del trabajador.

▸ Modificación de la jornada laboral.

▸ Cambios en la situación personal o familiar.

▸ Inicio o finalización de un contrato.

▸ Incorporación de nuevas retribuciones.

Cuando se produce alguno de estos cambios, la empresa debe recalcular el tipo de retención aplicable para que la cantidad retenida durante el año se ajuste lo mejor posible al impuesto final.

Las aplicaciones informáticas de gestión laboral facilitan este proceso mediante herramientas que permiten recalcular automáticamente el tipo de retención.

En el caso de NOMINASOL, el programa permite realizar la regularización de retenciones utilizando los datos actualizados del trabajador y aplicando las tablas fiscales correspondientes.

Este proceso garantiza que las retenciones aplicadas en las nóminas se ajusten a la normativa fiscal y evita que el trabajador tenga que realizar pagos excesivos o insuficientes al presentar su declaración de la renta.

La aplicación de las regularizaciones permite cumplir con las obligaciones fiscales de la empresa como retenedora, evitando posibles errores en la gestión de las retenciones del IRPF.

Tablas del IRPF (tramos generales)

El IRPF en España se aplica mediante un sistema progresivo, lo que significa que el porcentaje de impuesto aumenta a medida que aumenta la renta.

Base liquidable (€)	Tipo aplicable
Hasta 12.450 €	19 %
De 12.450 € a 20.200 €	24 %
De 20.200 € a 35.200 €	30 %
De 35.200 € a 60.000 €	37 %
De 60.000 € a 300.000 €	45 %
Más de 300.000 €	47 %

Estos tramos se utilizan para calcular la cuota íntegra del impuesto, sobre la que posteriormente se aplican reducciones y deducciones.

Mínimos personales y familiares del IRPF

Los mínimos personales y familiares representan la parte de renta que no tributa porque se considera necesaria para cubrir las necesidades básicas del contribuyente.

Mínimo personal

Situación	Importe
Contribuyente general	5.550 €
Mayores de 65 años	+1.150 €
Mayores de 75 años	+1.400 €

Mínimo por descendientes

Descendiente	Importe
Primer hijo	2.400 €
Segundo hijo	2.700 €
Tercer hijo	4.000 €
Cuarto hijo o más	4.500 €

Incremento adicional si el descendiente es **menor de 3 años:**
- 2.800 €

Mínimo por ascendientes

Ascendiente	Importe
Mayor de 65 años	1.150 €
Mayor de 75 años	2.550 €

Mínimo por discapacidad

Situación	Importe
Discapacidad ≥ 33 %	3.000 €
Discapacidad ≥ 65 %	9.000 €
Necesidad de ayuda de terceros	+3.000 €

Tipos de retención habituales en nóminas

En la práctica, las empresas aplican **tipos de retención aproximados** que dependen del salario anual y de la situación familiar.

Salario bruto anual aproximado	Retención aproximada
14.000 €	0 % – 2 %
18.000 €	6 % – 8 %
22.000 €	10 % – 12 %
30.000 €	14 % – 16 %
40.000 €	18 % – 22 %
60.000 €	25 % – 30 %

El porcentaje exacto lo calcula el programa de nóminas teniendo en cuenta:

- Ingresos anuales previstos
- Situación personal y familiar
- Tipo de contrato
- Discapacidad
- Número de hijos
- Pensiones compensatorias

Regularización del IRPF

Durante el año, el tipo de retención puede modificarse si se producen cambios como:

- Aumento o disminución del salario
- Cambio de contrato
- Nacimiento de un hijo
- Matrimonio o separación
- Cambios en discapacidad o cargas familiares

En estos casos la empresa debe realizar una **regularización de la retención** para ajustar el porcentaje aplicado en las nóminas.

7

Creación y gestión de empresas en nominasol

Una de las primeras operaciones que deben realizarse al comenzar a trabajar con una aplicación de gestión laboral como NOMINASOL es la creación y configuración de las empresas con las que se va a trabajar dentro del sistema.

El programa permite gestionar una o varias empresas dentro de la misma aplicación, lo que resulta especialmente útil tanto en entornos empresariales como en asesorías laborales o centros de formación. Cada empresa se gestiona de forma independiente, con sus propios trabajadores, datos fiscales, convenios colectivos y configuraciones laborales.

Para crear una empresa accede al menú Archivo > opción Nuevo > botón Nueva empresa.

La correcta creación y configuración de la empresa es un paso fundamental, ya que los datos introducidos en esta fase serán utilizados posteriormente en diferentes procesos del programa, como:

- La elaboración de nóminas.
- El cálculo de cotizaciones a la Seguridad Social.
- La aplicación de retenciones del IRPF.
- La generación de documentos oficiales.
- La comunicación con organismos públicos.

Por este motivo, es importante introducir correctamente toda la información requerida durante el proceso de creación de la empresa.

En NOMINASOL, la gestión de empresas se realiza desde el menú principal del programa, donde el usuario puede crear nuevas empresas, modificar las existentes o acceder a los datos de una empresa previamente registrada.

7.1 ALTA DE EMPRESA

El alta de empresa consiste en registrar dentro del programa la información básica de una organización que va a gestionar trabajadores y nóminas a través del sistema.

Este proceso se realiza normalmente cuando se comienza a utilizar el programa o cuando se incorpora una nueva empresa a la base de datos del sistema.

Para crear una empresa en NOMINASOL es necesario acceder al menú correspondiente y seleccionar la opción de creación de empresa. A partir de ese momento, el programa solicita una serie de datos básicos que permitirán identificar a la empresa dentro del sistema.

Entre los datos que deben introducirse durante el proceso de alta de empresa se encuentran los siguientes:

- Código de empresa, que permite identificarla dentro del programa.
- Nombre o razón social de la empresa.
- Número de identificación fiscal (NIF).
- Domicilio social.
- Municipio y provincia.
- Teléfono y datos de contacto.
- Actividad económica de la empresa.

También es necesario indicar determinados datos relacionados con la Seguridad Social, como el código de cuenta de cotización que identifica a la empresa dentro del sistema de cotización.

Una vez introducida toda esta información, el programa registra la empresa en su base de datos y permite comenzar a trabajar con ella.

El sistema permite posteriormente modificar o ampliar estos datos si se producen cambios en la información de la empresa.

7.2 CONFIGURACIÓN INICIAL

Una vez creada la empresa dentro del programa, es necesario realizar una configuración inicial que permita adaptar el sistema a las características específicas de la organización.

Esta configuración inicial incluye diferentes parámetros que influyen en el funcionamiento del programa y en la forma en que se realizarán los cálculos laborales y fiscales.

Entre los aspectos que suelen configurarse en esta fase se encuentran:

- Datos fiscales de la empresa.
- Datos de cotización a la Seguridad Social.
- Configuración de nóminas.
- Calendario laboral.
- Convenio colectivo aplicable.

La configuración inicial es fundamental para que el programa pueda realizar correctamente operaciones como:

- El cálculo de salarios.
- La aplicación de cotizaciones sociales.
- La determinación de las retenciones del IRPF.
- La generación de documentos laborales.

En NOMINASOL, muchos de estos parámetros se encuentran organizados dentro de diferentes secciones del programa, lo que permite al usuario configurar cada aspecto de forma ordenada.

Además, el sistema permite modificar estos parámetros en cualquier momento si se producen cambios en la normativa o en las condiciones laborales de la empresa.

7.3 INTRODUCCIÓN DE DATOS FISCALES Y LABORALES

Una vez configurada la empresa dentro del sistema, es necesario introducir una serie de datos fiscales y laborales que permitirán realizar correctamente la gestión administrativa del personal.

Estos datos se utilizan en diferentes procesos del programa, como la generación de nóminas, el cálculo de cotizaciones o la presentación de documentos ante la Administración.

Entre los principales datos fiscales que deben registrarse se encuentran:

▸ Número de identificación fiscal de la empresa.

▸ Domicilio fiscal.

▸ Delegación de la Agencia Tributaria correspondiente.

▸ Obligaciones fiscales de la empresa.

Estos datos son necesarios para la generación de documentos fiscales relacionados con las retenciones del IRPF.

Por otra parte, también deben introducirse diversos datos relacionados con la gestión laboral de la empresa, como:

▸ Código de cuenta de cotización en la Seguridad Social.

▸ Mutua colaboradora con la Seguridad Social.

▸ Actividad económica de la empresa.

▸ Régimen de cotización aplicable.

Estos datos permiten al programa determinar los parámetros necesarios para calcular correctamente las cotizaciones sociales de los trabajadores.

Además, el programa puede utilizar esta información para generar los archivos necesarios para la comunicación electrónica con organismos oficiales.

7.4 CONFIGURACIÓN DE CONVENIOS

La configuración de convenios colectivos es un elemento esencial dentro de los sistemas de gestión laboral, ya que los convenios establecen las condiciones laborales y salariales aplicables a los trabajadores de una empresa o sector.

El convenio colectivo determina aspectos fundamentales como:

- Salarios base.
- Complementos salariales.
- Categorías profesionales.
- Jornada laboral.
- Pagas extraordinarias.
- Condiciones de trabajo.

En programas como NOMINASOL, el convenio colectivo puede configurarse dentro del sistema para que el programa utilice automáticamente los parámetros establecidos al calcular las nóminas de los trabajadores.

Entre los elementos que suelen configurarse dentro del convenio se encuentran:

- Categorías o grupos profesionales.
- Tablas salariales.
- Complementos salariales.
- Tipos de jornada laboral.
- Pagas extraordinarias.

La introducción correcta del convenio colectivo permite automatizar gran parte del cálculo de las nóminas, ya que el programa puede aplicar automáticamente los salarios y complementos correspondientes a cada trabajador en función de su categoría profesional.

Además, cuando se producen modificaciones en las tablas salariales del convenio, el sistema permite actualizar estos datos para que se reflejen automáticamente en los cálculos de las nóminas.

La configuración del convenio colectivo contribuye a garantizar el cumplimiento de la normativa laboral y facilita la GESTIÓN ADMINISTRATIVA DEL PERSONAL DENTRO DE LA EMPRESA.

8

Carga de datos de los trabajadores

Una de las tareas fundamentales dentro de la gestión laboral mediante aplicaciones informáticas como NOMINASOL es la introducción o carga de los datos de los trabajadores. Este proceso consiste en registrar en el sistema toda la información necesaria para poder gestionar correctamente la relación laboral entre la empresa y cada uno de sus empleados.

Para crear un trabajador en la aplicación, accede a **Empresa > Ficheros > Trabajadores**.

Dentro del fichero de trabajadores, pulsa el botón **Nuevo** para crear una nueva ficha de trabajador.

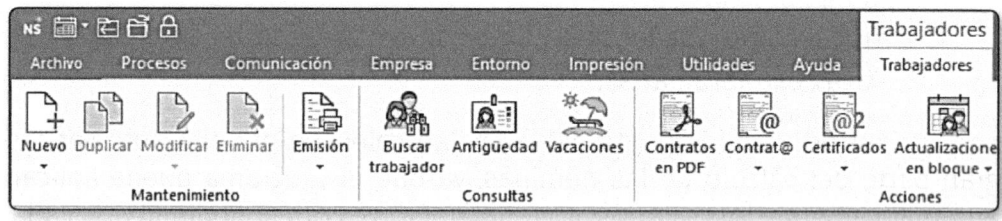

La ficha del trabajador constituye el elemento central de la gestión de personal dentro del programa, ya que a partir de la información contenida en ella se realizan múltiples operaciones administrativas, como:

⊳ La elaboración de nóminas.

⊳ El cálculo de cotizaciones a la Seguridad Social.

⊳ La aplicación de retenciones del IRPF.

⊳ La generación de contratos de trabajo.

⊳ La comunicación de datos a organismos oficiales.

Por este motivo, es fundamental que la información introducida en la ficha del trabajador sea correcta, completa y actualizada, ya que cualquier error en estos datos podría afectar al cálculo de las nóminas o al cumplimiento de las obligaciones legales de la empresa.

En NOMINASOL, el alta de trabajadores se realiza accediendo a la sección correspondiente del programa, donde se crea una nueva ficha para cada empleado. Esta ficha incluye diferentes apartados que permiten registrar toda la información necesaria para la gestión laboral del trabajador.

Entre los datos que suelen registrarse en la ficha del trabajador se encuentran:

⊳ Datos personales e identificativos.

⊳ Información relacionada con el contrato de trabajo.

⊳ Datos fiscales.

⊳ Información sobre cotización a la Seguridad Social.

⊳ Datos bancarios para el pago de la nómina.

La introducción de estos datos permite al sistema realizar de forma automática muchos de los cálculos necesarios para la gestión de nóminas y seguros sociales.

8.1 DATOS GENERALES DEL TRABAJADOR

Los datos generales del trabajador constituyen el conjunto de información básica que permite identificar al empleado y establecer las características fundamentales de su relación laboral con la empresa.

Estos datos se introducen en el momento de dar de alta al trabajador en el sistema y pueden modificarse posteriormente si se producen cambios en su situación laboral o personal.

Dentro de los datos generales del trabajador suelen incluirse diferentes tipos de información, entre los que destacan:

- Datos identificativos del trabajador.
- Datos relacionados con el contrato de trabajo.
- Información de cotización a la Seguridad Social.
- Datos fiscales necesarios para calcular las retenciones del IRPF.

El registro correcto de esta información resulta esencial para garantizar que el sistema pueda realizar correctamente operaciones como el cálculo de nóminas o la generación de documentos laborales.

8.1.1   Datos identificativos

Los datos identificativos del trabajador permiten reconocer de forma individual a cada empleado dentro del sistema de gestión laboral.

Esta información se utiliza tanto para la gestión interna de la empresa como para la comunicación de datos con organismos públicos, como la Seguridad Social o la Agencia Tributaria.

Entre los principales datos identificativos que deben registrarse en la ficha del trabajador se encuentran los siguientes:

- Nombre y apellidos del trabajador.
- Documento nacional de identidad (DNI) o número de identificación equivalente.
- Número de afiliación a la Seguridad Social.
- Fecha de nacimiento.
- Nacionalidad.
- Estado civil.
- Domicilio del trabajador.
- Municipio y provincia de residencia.
- Teléfono o datos de contacto.

Estos datos permiten identificar correctamente al trabajador dentro del sistema y son necesarios para la elaboración de documentos laborales como contratos, nóminas o certificados de empresa.

Además, el número de afiliación a la Seguridad Social es especialmente importante, ya que permite vincular al trabajador con el sistema de cotización y garantizar que las cotizaciones se registren correctamente.

En algunos casos, también puede incluirse información adicional, como:

▼ Nivel de estudios.

▼ Situación familiar.

▼ Personas a cargo.

Estos datos pueden resultar relevantes para determinados procesos administrativos o fiscales.

8.1.2 Datos del contrato

Los datos del contrato hacen referencia a la información relacionada con la relación laboral existente entre el trabajador y la empresa.

Estos datos permiten definir las condiciones bajo las cuales el trabajador presta sus servicios y son fundamentales para el cálculo de la nómina y de las cotizaciones a la Seguridad Social.

Entre los principales datos contractuales que se registran en la ficha del trabajador se encuentran:

▼ Tipo de contrato de trabajo.

▼ Fecha de inicio de la relación laboral.

▼ Duración del contrato, en caso de contratos temporales.

▼ Categoría o grupo profesionales.

▼ Grupo de cotización a la Seguridad Social.

▼ Jornada laboral (completa o parcial).

▼ Horario de trabajo.

▼ Convenio colectivo aplicable.

El tipo de contrato determina las condiciones laborales del trabajador, así como determinados aspectos relacionados con la cotización y con las prestaciones a las que puede tener derecho.

Por ejemplo, existen diferentes tipos de contratos laborales, como:

▼ Contratos indefinidos.

▼ Contratos temporales.

▼ Contratos formativos.

▼ Contratos a tiempo parcial.

La jornada laboral también constituye un elemento importante del contrato, ya que influye directamente en el cálculo del salario y de las cotizaciones sociales.

Además, la categoría profesional del trabajador determina el salario base y otros complementos salariales establecidos en el convenio colectivo correspondiente.

El registro de los datos contractuales permite al programa aplicar automáticamente las condiciones salariales y laborales correspondientes al trabajador, facilitando así la gestión administrativa del personal dentro de la empresa.

8.2 CONDICIONES SALARIALES

Las condiciones salariales recogen el conjunto de elementos que determinan la retribución económica que percibe el trabajador por la prestación de sus servicios dentro de la empresa. Estas condiciones forman parte de la relación laboral y deben registrarse correctamente en la aplicación de gestión laboral para poder calcular de forma adecuada las nóminas y las cotizaciones a la Seguridad Social.

En programas de gestión de nóminas como NOMINASOL, las condiciones salariales se introducen dentro de la ficha del trabajador. Esta información permite al sistema calcular automáticamente los diferentes conceptos retributivos que forman parte del salario, así como aplicar las deducciones correspondientes.

Las condiciones salariales incluyen diferentes aspectos relacionados con la remuneración del trabajador, entre los que destacan:

▼ Los conceptos salariales que forman parte de la nómina.

▼ Las condiciones pactadas entre empresa y trabajador.

▼ El tipo de retención del IRPF.

▼ La forma de pago del salario.

La configuración de estos elementos permite que el programa pueda generar las nóminas de forma automática y conforme a la normativa laboral y fiscal vigente.

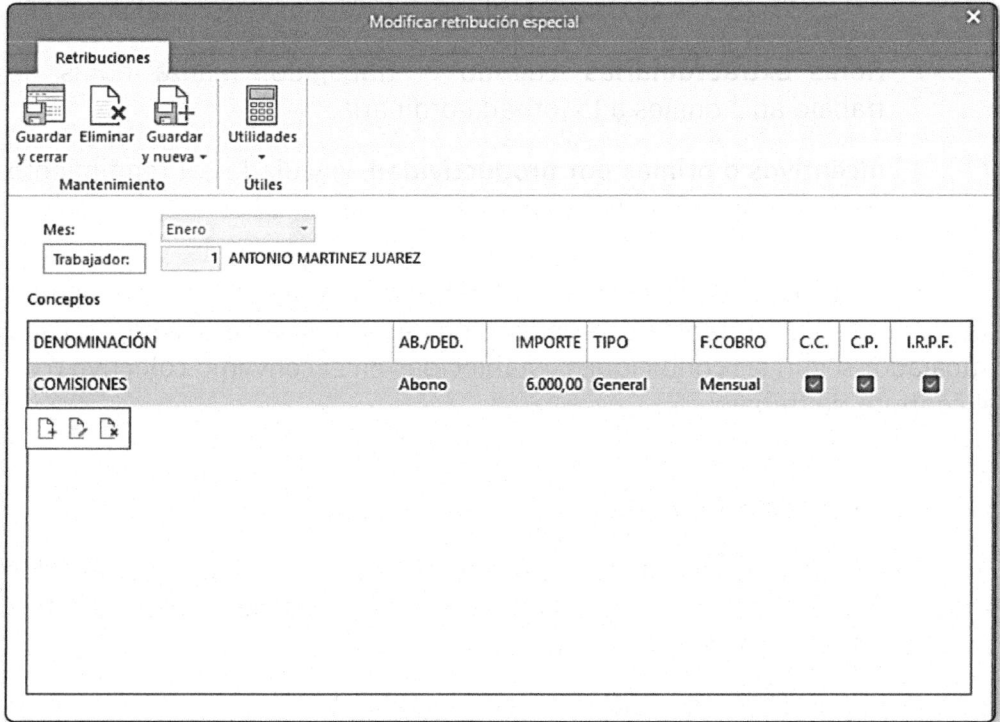

8.2.1 Conceptos salariales

Los conceptos salariales son los distintos elementos que componen el salario del trabajador y que aparecen reflejados en el recibo de salarios o nómina.

Cada concepto salarial representa una parte concreta de la retribución del trabajador y puede corresponder a diferentes circunstancias relacionadas con el trabajo realizado o con las condiciones laborales establecidas.

Entre los conceptos salariales más habituales se encuentran:

▸ **Salario base**, que constituye la retribución principal establecida en el contrato o en el convenio colectivo.

▸ **Complementos salariales**, que se añaden al salario base en función de determinadas condiciones personales o del puesto de trabajo.

▸ **Pagas extraordinarias**, que se abonan en determinados momentos del año o de forma prorrateada en las nóminas mensuales.

▸ **Horas extraordinarias**, cuando el trabajador realiza horas de trabajo adicionales a la jornada ordinaria.

▸ **Incentivos o primas por productividad**, vinculados al rendimiento o a los resultados del trabajador.

En el programa de gestión laboral, estos conceptos se configuran previamente en las tablas salariales y posteriormente se asignan a cada trabajador según las condiciones establecidas en el convenio colectivo o en el contrato de trabajo.

8.2.2 Condiciones pactadas

Las condiciones pactadas hacen referencia a los acuerdos establecidos entre el trabajador y la empresa en relación con su retribución y con otras características de la relación laboral.

Estas condiciones pueden estar recogidas en:

▸ El contrato de trabajo.
▸ El convenio colectivo aplicable.
▸ Acuerdos individuales entre empresa y trabajador.

Entre las condiciones pactadas más habituales se encuentran:

- El salario acordado.
- La jornada laboral.
- La duración del contrato.
- Los complementos salariales aplicables.
- Las pagas extraordinarias.

En las aplicaciones de gestión laboral, estas condiciones deben registrarse en la ficha del trabajador para que el sistema pueda aplicar correctamente las reglas salariales establecidas.

8.2.3 Tipo de retención

El tipo de retención corresponde al porcentaje del salario que la empresa debe retener en concepto de Impuesto sobre la Renta de las Personas Físicas (IRPF).

Este porcentaje se aplica sobre los rendimientos del trabajo y se descuenta directamente del salario del trabajador en cada nómina.

La empresa actúa como retenedora, es decir, debe ingresar estas cantidades en la Agencia Tributaria en nombre del trabajador.

El tipo de retención se determina teniendo en cuenta diferentes factores, como:

- Los ingresos anuales del trabajador.
- La situación personal y familiar.
- El tipo de contrato.
- Las deducciones aplicables.

En el programa de gestión laboral, el tipo de retención puede calcularse automáticamente utilizando las tablas del IRPF o introducirse manualmente si se dispone del porcentaje correspondiente.

8.2.4 Forma de pago

La forma de pago hace referencia al método utilizado por la empresa para abonar el salario al trabajador.

Actualmente, la forma de pago más habitual es la transferencia bancaria, ya que permite realizar el pago de forma rápida y segura.

Para poder realizar el pago mediante transferencia, es necesario registrar en la ficha del trabajador los datos de su cuenta bancaria, como:

- Número de cuenta o IBAN.
- Entidad bancaria.
- Titular de la cuenta.

Además de la transferencia bancaria, existen otras formas de pago que pueden utilizarse en determinadas situaciones, como:

- Pago mediante cheque.
- Pago en efectivo (cada vez menos frecuente).

La configuración de la forma de pago permite al sistema generar los documentos necesarios para realizar el abono de las nóminas a los trabajadores.

9

Gestión de incidencias en la liquidación de salarios

Durante la relación laboral pueden producirse determinadas situaciones que afectan al desarrollo normal de la actividad del trabajador y, por tanto, influyen en el cálculo de su salario. Estas situaciones reciben el nombre de incidencias laborales y deben registrarse correctamente en las aplicaciones de gestión de nóminas para que el cálculo de la liquidación salarial sea correcto.

Las incidencias pueden modificar diferentes aspectos de la nómina del trabajador, como por ejemplo:

- ▸ El número de días trabajados.
- ▸ Las bases de cotización a la Seguridad Social.
- ▸ El importe del salario percibido.
- ▸ Las prestaciones económicas que corresponden al trabajador.

Entre las incidencias más habituales se encuentran las situaciones de incapacidad, en las que el trabajador no puede desempeñar temporalmente su actividad laboral por motivos de salud o por determinadas circunstancias personales.

El trabajador puede tener derecho a percibir prestaciones económicas de la Seguridad Social, que sustituyen total o parcialmente el salario durante el periodo de incapacidad.

Las aplicaciones de gestión laboral permiten registrar estas incidencias en la ficha del trabajador, lo que facilita el cálculo automático de la nómina teniendo en cuenta las prestaciones correspondientes.

9.1 INCAPACIDADES

Las **incapacidades** son situaciones en las que el trabajador no puede realizar su actividad laboral debido a problemas de salud o a determinadas circunstancias protegidas por la normativa laboral.

Cuando se produce una situación de incapacidad, el trabajador puede quedar temporalmente suspendido de su actividad laboral y percibir una prestación económica que compensa la pérdida de ingresos durante ese periodo.

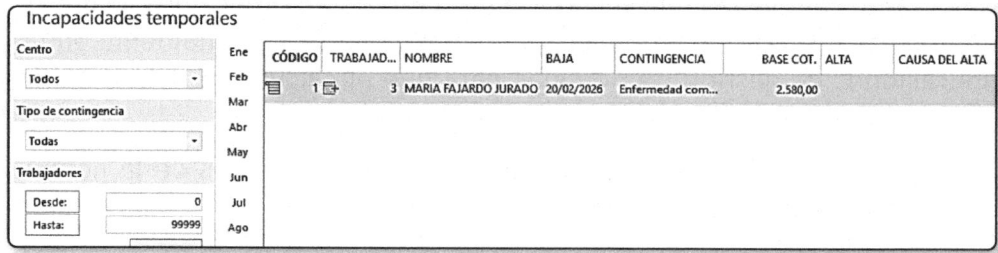

Las incapacidades pueden tener diferentes causas y cada una de ellas tiene un tratamiento específico tanto desde el punto de vista laboral como desde el punto de vista de la Seguridad Social.

Entre las situaciones más habituales se encuentran:

▼ Enfermedad común.

▼ Accidente de trabajo.

▼ Enfermedad profesional.

▼ Maternidad o paternidad.

Cada una de estas situaciones presenta características particulares en cuanto al origen de la incapacidad, la duración de la prestación y el porcentaje de salario que corresponde percibir al trabajador.

9.1.1 Enfermedad común

La enfermedad común es una situación de incapacidad temporal que se produce cuando el trabajador no puede desempeñar su actividad laboral debido a una enfermedad que no está relacionada con su trabajo.

En estos casos, el trabajador debe acudir a un médico del sistema sanitario, quien evaluará su estado de salud y, si lo considera necesario, emitirá el correspondiente parte de baja médica.

Durante el periodo de incapacidad temporal por enfermedad común, el trabajador puede percibir una prestación económica que sustituye parcialmente su salario.

El importe de esta prestación se calcula aplicando un porcentaje sobre la base reguladora del trabajador.

Generalmente, la prestación se distribuye de la siguiente manera:

- Los tres primeros días de baja no generan derecho a prestación económica.
- Desde el día 4 al día 20, el trabajador percibe el 60 % de la base reguladora.
- A partir del día 21, el trabajador percibe el 75 % de la base reguladora.

Durante este periodo, el contrato de trabajo queda suspendido, aunque el trabajador mantiene su relación laboral con la empresa.

9.1.2 Accidente de trabajo

El **accidente de trabajo** es toda lesión corporal que el trabajador sufre con ocasión o como consecuencia del trabajo que realiza por cuenta de la empresa.

También se consideran accidentes de trabajo determinadas situaciones como:

- Los accidentes ocurridos durante el desplazamiento al trabajo o desde el trabajo al domicilio (accidente in itinere).
- Los accidentes producidos durante la realización de tareas relacionadas con la actividad laboral.

Cuando se produce un accidente de trabajo, el trabajador puede quedar en situación de incapacidad temporal y percibir una prestación económica que sustituye su salario durante el periodo de recuperación.

En este caso, la prestación económica suele ser más favorable que en la enfermedad común. Generalmente, el trabajador tiene derecho a percibir el 75 % de la base reguladora desde el día siguiente al accidente.

Además, los gastos médicos derivados del accidente de trabajo suelen estar cubiertos por la mutua colaboradora con la Seguridad Social o por la entidad gestora correspondiente.

9.1.3　Enfermedad profesional

La enfermedad profesional es aquella que se produce como consecuencia directa del trabajo realizado por el trabajador y que está causada por la exposición a determinados agentes o condiciones presentes en el entorno laboral.

Estas enfermedades están recogidas en un cuadro oficial de enfermedades profesionales establecido por la normativa laboral.

Entre los factores que pueden provocar una enfermedad profesional se encuentran:

- Exposición a sustancias químicas.
- Exposición a agentes biológicos.
- Exposición a ruido o vibraciones.
- Posturas forzadas o movimientos repetitivos.

Cuando se reconoce una enfermedad profesional, el trabajador puede tener derecho a prestaciones económicas similares a las previstas para los accidentes de trabajo.

Al igual que en el caso de los accidentes laborales, el trabajador suele percibir el **75 % de la base reguladora desde el inicio de la baja médica**.

Además, la empresa tiene la obligación de adoptar las medidas necesarias para prevenir la aparición de enfermedades profesionales en el lugar de trabajo.

9.1.4   Maternidad y paternidad

Las situaciones de maternidad y paternidad, actualmente integradas en la prestación por nacimiento y cuidado del menor, constituyen una de las causas de suspensión del contrato de trabajo protegidas por el sistema de Seguridad Social.

Durante este periodo, el trabajador o trabajadora se encuentra temporalmente ausente de su puesto de trabajo con el objetivo de atender al cuidado del hijo recién nacido o adoptado.

El trabajador tiene derecho a percibir una prestación económica que sustituye su salario durante el periodo de descanso establecido por la normativa.

Actualmente, la duración general de esta prestación suele ser de dieciséis semanas, que pueden disfrutarse de forma continuada o en determinados periodos según lo establecido por la legislación vigente.

Durante el periodo de maternidad o paternidad:

▸ El contrato de trabajo queda suspendido.

▸ El trabajador percibe una prestación equivalente al 100 % de la base reguladora.

▸ La prestación es abonada directamente por la Seguridad Social.

Las aplicaciones de gestión laboral permiten registrar esta incidencia para que el sistema tenga en cuenta la suspensión del contrato y la prestación correspondiente en la gestión administrativa del trabajador.

9.2 AUSENCIAS

Dentro de la gestión administrativa de los recursos humanos, las ausencias laborales constituyen un tipo de incidencia que puede afectar al cálculo de la nómina y a la liquidación del salario del trabajador. Estas situaciones se producen cuando el trabajador no presta servicios durante determinados periodos de tiempo por diversas causas.

Las ausencias pueden tener diferentes características según su naturaleza. En algunos casos se trata de ausencias justificadas y retribuidas, mientras que en otros casos pueden ser no retribuidas o implicar la suspensión temporal de determinadas obligaciones laborales.

En los sistemas informáticos de gestión laboral, como las aplicaciones utilizadas para el cálculo de nóminas, estas incidencias deben registrarse correctamente para que el programa pueda tenerlas en cuenta en el momento de calcular:

▼ Los días efectivamente trabajados.

▼ El salario correspondiente al periodo de liquidación.

▼ Las cotizaciones a la Seguridad Social.

Las ausencias pueden producirse por diferentes motivos, entre los que destacan las vacaciones, el ejercicio del derecho de huelga, las sanciones disciplinarias o determinadas situaciones personales del trabajador.

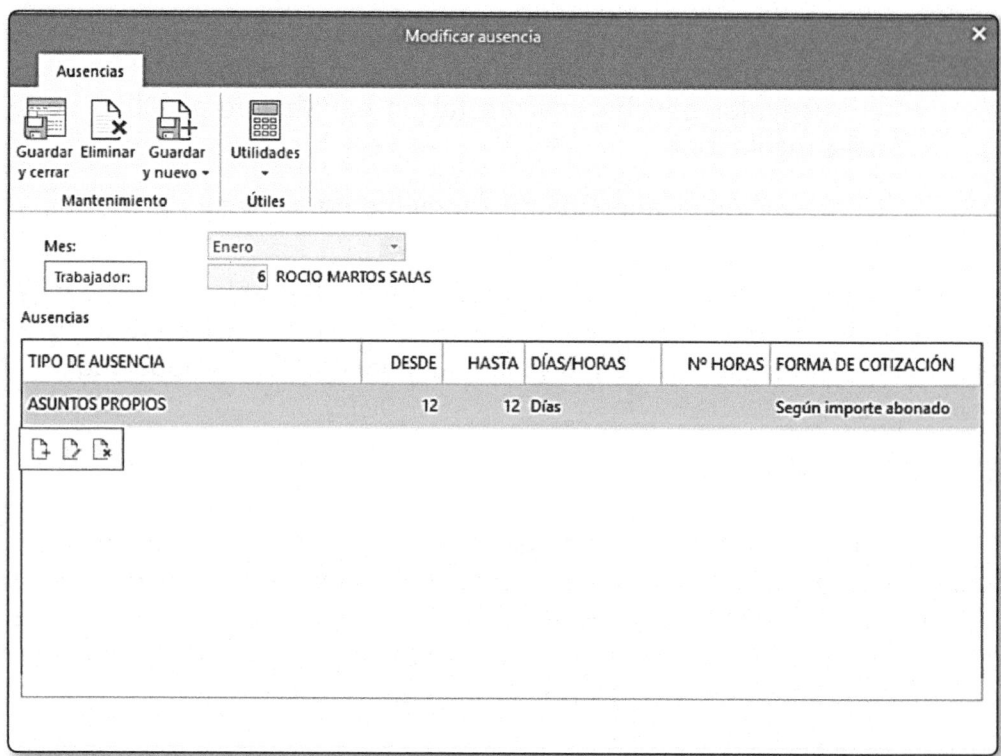

9.2.1 Vacaciones

Las vacaciones constituyen un periodo de descanso anual retribuido al que tienen derecho todos los trabajadores como consecuencia de la prestación de sus servicios durante el año.

La normativa laboral establece que la duración mínima de las vacaciones es de treinta días naturales por año trabajado, aunque los convenios colectivos pueden establecer periodos superiores.

Durante el periodo de vacaciones, el trabajador mantiene su derecho a percibir su salario, ya que se trata de un periodo de descanso retribuido que forma parte de la relación laboral.

Las principales características de las vacaciones son las siguientes:

▸ Deben disfrutarse dentro del año natural correspondiente.

▸ Su duración se determina de acuerdo con lo establecido en el convenio colectivo o en el contrato de trabajo.

▸ No pueden sustituirse por una compensación económica, salvo en casos de finalización del contrato.

En las aplicaciones de gestión laboral, las vacaciones deben registrarse como una incidencia para que el sistema pueda llevar un control de los días disfrutados por cada trabajador.

9.2.2 Huelga legal

La huelga legal es un derecho fundamental de los trabajadores reconocido en la legislación laboral. Consiste en la interrupción colectiva y voluntaria del trabajo con el objetivo de defender intereses laborales o profesionales.

Cuando un trabajador participa en una huelga legal, su contrato de trabajo queda suspendido durante el periodo de huelga.

Durante este periodo se producen determinadas consecuencias laborales:

▼ El trabajador no percibe salario por los días de huelga.

▼ No se generan determinados complementos salariales vinculados al trabajo efectivo.

▼ La cotización a la Seguridad Social puede verse afectada durante el periodo de suspensión.

Las aplicaciones de gestión laboral permiten registrar la participación del trabajador en una huelga para que el sistema tenga en cuenta esta circunstancia en el cálculo de la nómina correspondiente al periodo afectado.

9.2.3 Sanciones

Las sanciones disciplinarias pueden imponerse a los trabajadores cuando cometen infracciones laborales que vulneran las normas establecidas en la empresa o en el convenio colectivo.

Estas sanciones pueden adoptar diferentes formas dependiendo de la gravedad de la falta cometida. Entre las sanciones más habituales se encuentran:

▼ Amonestación verbal o escrita.

▼ Suspensión de empleo y sueldo durante un periodo determinado.

▼ Traslado o cambio de puesto de trabajo.

▼ Despido disciplinario en los casos más graves.

Cuando se impone una sanción de suspensión de empleo y sueldo, el trabajador deja temporalmente de prestar servicios en la empresa y no percibe salario durante el periodo de suspensión.

En los programas de gestión de nóminas, este tipo de sanciones debe registrarse como una incidencia para que el sistema tenga en cuenta los días de suspensión en el cálculo del salario del trabajador.

9.2.4 Otras ausencias

Además de las situaciones anteriormente mencionadas, pueden producirse otras ausencias laborales que deben registrarse dentro del sistema de gestión administrativa del personal.

Estas ausencias pueden estar relacionadas con diferentes circunstancias personales o profesionales del trabajador.

Entre las ausencias más habituales se encuentran:

- Permisos personales no retribuidos.
- Ausencias injustificadas.
- Permisos especiales previstos en el convenio colectivo.
- Retrasos o faltas de puntualidad.

Dependiendo de su naturaleza, estas ausencias pueden tener diferentes consecuencias en el cálculo del salario del trabajador.

En algunos casos, las ausencias pueden implicar una reducción del salario correspondiente al periodo afectado. En otros casos, pueden dar lugar a medidas disciplinarias si se consideran faltas injustificadas.

Por este motivo, es importante registrar correctamente estas incidencias en las aplicaciones de gestión laboral, ya que el sistema utilizará esta información para calcular de forma adecuada la liquidación salarial del trabajador.

10

Generación de documentos

Una de las funciones más importantes de las aplicaciones informáticas de gestión laboral es la generación automática de documentos administrativos relacionados con la gestión del personal y el cálculo de las nóminas. Estos documentos permiten formalizar las relaciones laborales entre la empresa y los trabajadores, así como cumplir con las obligaciones legales establecidas por la normativa laboral y fiscal.

En programas de gestión de nóminas como NOMINASOL, la generación de documentos se realiza de forma automática a partir de los datos introducidos previamente en el sistema. Una vez registrados los datos de la empresa, los trabajadores, los contratos y las incidencias laborales, el programa puede elaborar distintos documentos con la información correspondiente.

Entre los documentos más habituales que pueden generarse en este tipo de aplicaciones se encuentran:

- Recibos de salarios o nóminas.
- Pagas extraordinarias.
- Finiquitos o liquidaciones.
- Informes laborales y fiscales.
- Documentos de cotización a la Seguridad Social.

Estos documentos pueden visualizarse en pantalla, imprimirse o exportarse a diferentes formatos para su archivo o envío a otras entidades.

La automatización de estos procesos permite reducir errores en los cálculos y agilizar la gestión administrativa del personal dentro de la empresa.

10.1 DOCUMENTOS SALARIALES

Los documentos salariales son aquellos que reflejan las retribuciones económicas que perciben los trabajadores como consecuencia de la prestación de sus servicios en la empresa.

Estos documentos permiten registrar de forma detallada los diferentes conceptos que componen el salario del trabajador, así como las deducciones que deben aplicarse sobre el mismo.

En el programa NOMINASOL, los documentos salariales se generan automáticamente a partir de la información registrada en la ficha del trabajador, en el convenio colectivo y en las incidencias laborales introducidas durante el periodo de liquidación.

Entre los documentos salariales más habituales se encuentran:

- Recibos de salarios.
- Pagas extraordinarias.
- Finiquitos o liquidaciones.

Cada uno de estos documentos cumple una función específica dentro de la gestión administrativa de los recursos humanos.

10.1.1 Recibos de salarios

El recibo de salarios, comúnmente denominado nómina, es el documento que acredita el pago del salario al trabajador y que refleja de forma detallada todos los conceptos que componen su retribución.

La empresa tiene la obligación de entregar al trabajador este documento cada vez que se realiza el pago del salario.

En NOMINASOL, la generación de los recibos de salarios se realiza automáticamente a partir de los datos introducidos en el sistema. El programa calcula los diferentes conceptos salariales y genera el documento correspondiente para cada trabajador.

El recibo de salarios suele incluir diferentes apartados, entre los que destacan:

▸ Datos identificativos de la empresa y del trabajador.

▸ Periodo de liquidación del salario.

▸ Conceptos salariales devengados, como salario base, complementos o pagas extraordinarias.

▸ Deducciones, como las cotizaciones a la Seguridad Social y las retenciones del IRPF.

▸ Líquido a percibir, que representa la cantidad final que recibe el trabajador.

El programa permite visualizar el recibo de salarios en pantalla, imprimirlo o almacenarlo en formato digital.

10.1.2 Pagas extraordinarias

Las pagas extraordinarias son percepciones salariales adicionales al salario mensual que los trabajadores reciben en determinados momentos del año.

La legislación laboral establece que los trabajadores tienen derecho a percibir al menos dos pagas extraordinarias al año, aunque los convenios colectivos pueden establecer un número mayor.

Estas pagas suelen abonarse en periodos concretos, como:

▸ Paga extraordinaria de verano.
▸ Paga extraordinaria de Navidad.

No obstante, en algunos casos las pagas extraordinarias pueden prorratearse, es decir, repartirse a lo largo de los doce meses del año e incluirse dentro de la nómina mensual.

En NOMINASOL, el programa permite configurar las pagas extraordinarias dentro del convenio colectivo o de las condiciones salariales del trabajador.

A partir de esta configuración, el sistema puede generar automáticamente las pagas extraordinarias cuando corresponde su abono.

El programa también permite calcular la parte proporcional de las pagas extraordinarias en situaciones como:

- Incorporación reciente del trabajador a la empresa.
- Finalización del contrato antes de completar el periodo anual.

10.1.3 Finiquitos

El **finiquito** es el documento que recoge la liquidación de todas las cantidades pendientes entre la empresa y el trabajador en el momento de finalizar la relación laboral.

Este documento se genera cuando el contrato de trabajo se extingue por diferentes causas, como por ejemplo:

- Finalización del contrato temporal.
- Dimisión del trabajador.
- Despido.
- Jubilación.

El finiquito incluye todas las cantidades que la empresa debe abonar al trabajador hasta el momento de la finalización del contrato.

Entre los conceptos que pueden formar parte del finiquito se encuentran:

- Salario correspondiente a los días trabajados del último periodo.
- Parte proporcional de pagas extraordinarias.
- Vacaciones no disfrutadas.
- Otros conceptos pendientes de pago.

En NOMINASOL, el programa permite generar automáticamente el finiquito del trabajador a partir de los datos registrados en su ficha y en el sistema de nóminas.

El documento resultante puede revisarse antes de su emisión para comprobar que todas las cantidades han sido calculadas correctamente.

La utilización de herramientas informáticas para la generación de finiquitos facilita la gestión administrativa del proceso de finalización del contrato y garantiza que se incluyan correctamente todos los conceptos correspondientes

10.2 DOCUMENTOS DE SEGURIDAD SOCIAL

Además de los documentos salariales, las empresas deben generar y presentar diversos documentos relacionados con la Seguridad Social, que permiten comunicar la información necesaria para el cálculo y la liquidación de las cotizaciones de los trabajadores.

Estos documentos reflejan las cotizaciones que deben realizar tanto la empresa como los trabajadores al sistema de la Seguridad Social. Las cotizaciones constituyen las aportaciones económicas destinadas a financiar las prestaciones del sistema de protección social, como las pensiones, las prestaciones por desempleo o las prestaciones por incapacidad temporal.

En las aplicaciones informáticas de gestión laboral como NOMINASOL, estos documentos se generan automáticamente a partir de la información registrada en el sistema. El programa utiliza los datos de los trabajadores, las bases de cotización y los tipos de cotización aplicables para calcular las cuotas correspondientes.

Entre los documentos relacionados con la Seguridad Social que pueden generarse mediante estas aplicaciones se encuentran:

- ▼ Documentos de liquidación de cuotas.
- ▼ Relación nominal de trabajadores.
- ▼ Informes de cotización.
- ▼ Ficheros de comunicación electrónica con la Seguridad Social.

Actualmente, la mayoría de estas comunicaciones se realizan de forma telemática, utilizando plataformas específicas desarrolladas por la Tesorería General de la Seguridad Social.

10.2.1 Transmisión a través de SILTRA o RED

En la actualidad, la comunicación entre las empresas y la Seguridad Social se realiza principalmente mediante el Sistema RED, que permite transmitir información de forma electrónica a la Tesorería General de la Seguridad Social.

El Sistema RED es un servicio telemático que permite a las empresas y a los profesionales autorizados realizar diferentes trámites relacionados con la gestión de las cotizaciones y la afiliación de trabajadores.

Entre las operaciones que pueden realizarse a través de este sistema se encuentran:

- Altas y bajas de trabajadores.
- Variaciones de datos laborales.
- Envío de bases de cotización.
- Liquidación de cuotas a la Seguridad Social.

Para facilitar esta comunicación, la Tesorería General de la Seguridad Social utiliza la aplicación SILTRA (Sistema de Liquidación Directa), que permite procesar los ficheros generados por los programas de gestión laboral.

En el caso de NOMINASOL, el programa permite generar automáticamente los ficheros necesarios para realizar estas comunicaciones. Una vez generados, estos ficheros pueden ser importados en la aplicación SILTRA para su posterior envío a la Seguridad Social.

El proceso general suele seguir los siguientes pasos:

1. Generar los documentos de cotización en el programa de nóminas.

2. Crear el fichero de comunicación correspondiente.

3. Importar el fichero en la aplicación SILTRA.

4. Validar la información contenida en el fichero.

5. Enviar los datos a la Seguridad Social a través del Sistema RED.

Este sistema permite realizar las comunicaciones de forma rápida y segura, reduciendo la carga administrativa para las empresas y facilitando el cumplimiento de las obligaciones legales relacionadas con la cotización de los trabajadores.

La integración entre programas de gestión laboral como NOMINASOL y los sistemas telemáticos de la Seguridad Social constituye una herramienta fundamental para modernizar y agilizar la gestión administrativa de las relaciones laborales.

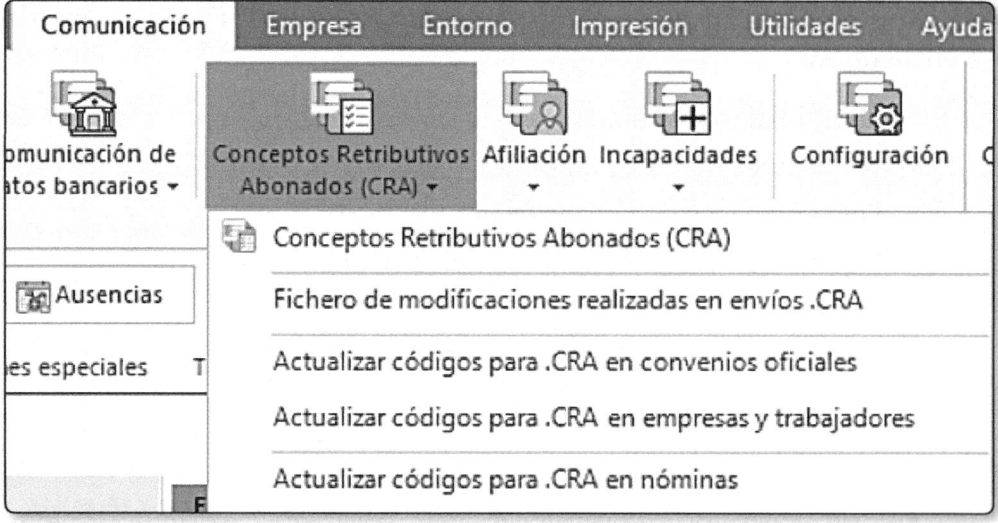

10.3 DOCUMENTOS FISCALES

Además de los documentos salariales y de los documentos relacionados con la Seguridad Social, las empresas deben generar y gestionar diversos documentos fiscales relacionados con las retenciones practicadas a los trabajadores en concepto de Impuesto sobre la Renta de las Personas Físicas (IRPF).

Cuando una empresa abona el salario a sus trabajadores, debe practicar una retención fiscal sobre los rendimientos del trabajo. Esta retención constituye un pago anticipado del impuesto que el trabajador deberá liquidar posteriormente en su declaración anual de la renta.

La empresa actúa como retenedora, lo que implica que tiene la obligación de:

▼ Calcular correctamente el porcentaje de retención aplicable.

▼ Descontar la retención correspondiente en cada nómina.

▼ Ingresar periódicamente las cantidades retenidas en la Agencia Tributaria.

▼ Informar a la Administración tributaria de las retenciones practicadas.

Las aplicaciones informáticas de gestión laboral como NOMINASOL permiten generar automáticamente los documentos fiscales necesarios a partir de los datos registrados en el sistema.

Entre los documentos fiscales más habituales que pueden generarse mediante estas aplicaciones se encuentran:

▼ Documentos de liquidación de retenciones del IRPF.

▼ Certificados fiscales de retenciones e ingresos a cuenta.

Estos documentos permiten cumplir con las obligaciones fiscales establecidas por la normativa tributaria.

10.3.1 Liquidaciones de IRPF

Las liquidaciones de IRPF son los documentos mediante los cuales la empresa comunica a la Agencia Tributaria las retenciones practicadas sobre los salarios de los trabajadores y procede al ingreso de las cantidades correspondientes.

Estas liquidaciones se realizan normalmente de forma periódica, dependiendo del volumen de operaciones de la empresa.

Las empresas deben presentar estas liquidaciones mediante los modelos fiscales establecidos por la Agencia Tributaria, entre los que destacan:

▼ **Modelo 111**, utilizado para declarar e ingresar las retenciones practicadas sobre rendimientos del trabajo y otras rentas.

▼ **Modelo 190**, que constituye el resumen anual de las retenciones e ingresos a cuenta del IRPF.

En el caso de programas de gestión laboral como NOMINASOL, el sistema permite generar los datos necesarios para elaborar estos modelos fiscales a partir de la información registrada en las nóminas de los trabajadores.

De este modo, el programa facilita la elaboración de las declaraciones fiscales y reduce el riesgo de errores en la información transmitida a la Administración tributaria.

10.3.2 Certificados fiscales

Los certificados fiscales son documentos que acreditan las retenciones del IRPF que la empresa ha practicado sobre los salarios de los trabajadores durante un determinado periodo, normalmente el año natural.

Estos certificados deben entregarse a los trabajadores para que puedan utilizarlos al presentar su declaración anual de la renta.

El certificado fiscal suele incluir información como:

▼ Datos identificativos de la empresa.

▼ Datos identificativos del trabajador.

▼ Importes totales de los rendimientos del trabajo percibidos durante el año.

▼ Retenciones del IRPF practicadas.

▼ Ingresos a cuenta realizados por la empresa.

Las aplicaciones de gestión laboral permiten generar automáticamente estos certificados a partir de los datos registrados en el sistema.

En programas como NOMINASOL, el certificado de retenciones puede generarse al finalizar el ejercicio fiscal y puede imprimirse o guardarse en formato digital para su entrega al trabajador.

La emisión de estos certificados es una obligación de la empresa y resulta fundamental para que los trabajadores puedan cumplir con sus obligaciones fiscales ante la Agencia Tributaria.

10.4 INFORMES Y ESTADÍSTICAS

Además de la generación de documentos salariales, fiscales y de Seguridad Social, las aplicaciones informáticas de gestión laboral como NOMINASOL permiten obtener distintos informes y estadísticas relacionados con la gestión del personal.

Estos informes facilitan el análisis de la información almacenada en el sistema y permiten a la empresa disponer de una visión global sobre diferentes aspectos de la gestión de recursos humanos.

La elaboración de informes resulta especialmente útil para:

- Consultar información sobre los trabajadores de la empresa.
- Analizar los costes laborales.
- Revisar datos relacionados con salarios y cotizaciones.
- Obtener información necesaria para la toma de decisiones.

En NOMINASOL, los informes se generan a partir de los datos introducidos en el sistema, como la información de las empresas, los trabajadores, los contratos y las nóminas. El programa permite visualizar estos informes en pantalla, imprimirlos o exportarlos a diferentes formatos para su almacenamiento o utilización en otros sistemas.

Entre los informes más habituales que pueden generarse en el programa se encuentran:

- Informes de personal.
- Informes de nóminas.
- Informes de cotizaciones.
- Estadísticas y gráficos relacionados con la gestión laboral.

10.4.1 Informes de personal

Los informes de personal permiten obtener información detallada sobre los trabajadores registrados en el sistema. Estos informes pueden incluir distintos datos relacionados con la situación laboral de los empleados dentro de la empresa.

Entre los datos que suelen aparecer en los informes de personal se encuentran:

- ☛ Datos identificativos de los trabajadores.
- ☛ Categoría o grupo profesionales.
- ☛ Tipo de contrato de trabajo.
- ☛ Fecha de alta en la empresa.
- ☛ Jornada laboral.
- ☛ Situación laboral actual.

Estos informes pueden utilizarse para diferentes finalidades, como por ejemplo:

- ☛ Consultar la plantilla de la empresa.
- ☛ Revisar la información de los trabajadores.
- ☛ Analizar la distribución de los empleados por categorías profesionales.
- ☛ Obtener información para la elaboración de informes internos.

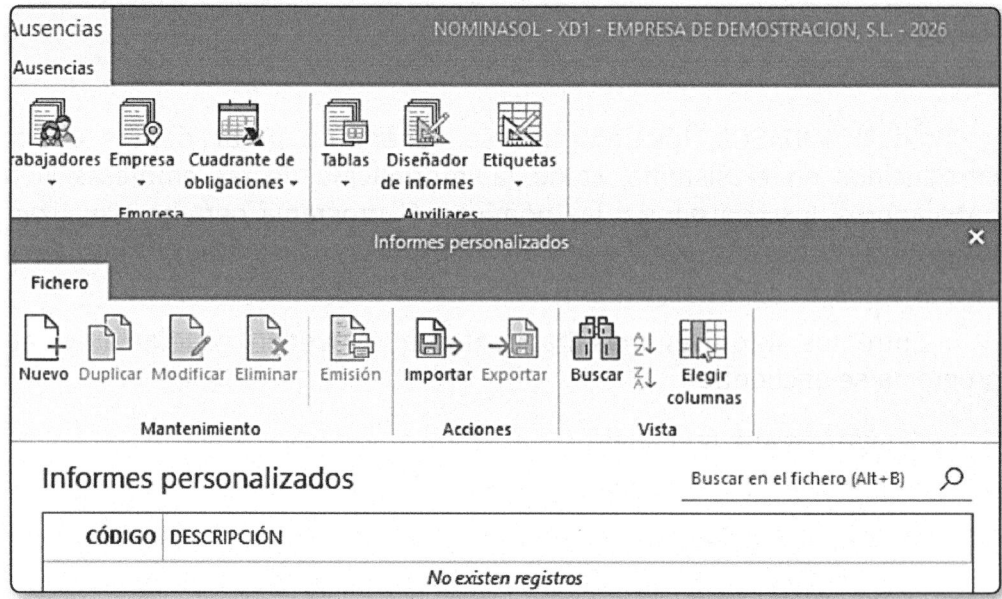

En NOMINASOL, el usuario puede generar estos informes seleccionando diferentes criterios de búsqueda o filtrado, lo que permite adaptar la información a las necesidades concretas de la empresa.

10.4.2 Gráficos y estadísticas

Además de los informes tradicionales, las aplicaciones de gestión laboral también permiten generar gráficos y estadísticas que facilitan el análisis visual de la información relacionada con la gestión del personal.

Estos gráficos permiten representar de forma clara determinados datos del sistema, lo que facilita su interpretación y análisis.

Entre los gráficos y estadísticas más habituales se encuentran:

- Distribución de trabajadores por categoría profesional.
- Evolución de los costes salariales.
- Análisis de la plantilla por tipo de contrato.
- Estadísticas sobre ausencias o incidencias laborales.

La utilización de gráficos permite presentar la información de forma más comprensible y facilita la toma de decisiones dentro de la empresa.

En programas como NOMINASOL, estas herramientas permiten visualizar determinados datos en forma de gráficos o tablas estadísticas, lo que contribuye a mejorar la gestión de los recursos humanos y el análisis de la información laboral.

11

Gestión de recursos humanos

La gestión de recursos humanos comprende el conjunto de actividades destinadas a organizar, administrar y desarrollar el personal que forma parte de una empresa u organización. Esta gestión incluye todos los procesos relacionados con la incorporación de trabajadores, la administración de sus datos laborales, su desarrollo profesional y la evaluación de su desempeño.

En la actualidad, muchas de estas tareas se realizan mediante aplicaciones informáticas de gestión laboral, como NOMINASOL, que permiten centralizar toda la información relacionada con los trabajadores dentro de un mismo sistema.

El uso de este tipo de herramientas facilita la organización y el control de los datos del personal, permitiendo gestionar aspectos como:

- Información personal y profesional de los trabajadores.
- Historial laboral dentro de la empresa.
- Formación y titulaciones.
- Evaluaciones del desempeño.
- Incidencias laborales.

La gestión de esta información permite a la empresa tomar decisiones más eficaces en materia de organización del trabajo, promoción profesional o planificación de la formación.

11.1 GESTIÓN DEL PERSONAL

La gestión del personal se refiere al conjunto de procesos administrativos y organizativos relacionados con el control y seguimiento de los trabajadores de una empresa.

Este proceso implica mantener actualizada toda la información relacionada con cada empleado, desde sus datos personales hasta su trayectoria profesional dentro de la organización.

En aplicaciones de gestión laboral como NOMINASOL, esta información se registra dentro de la ficha del trabajador, que actúa como un expediente digital donde se almacenan todos los datos relevantes del empleado.

Entre los elementos que pueden registrarse dentro de la gestión del personal se encuentran:

- Currículum vitae del trabajador.
- Titulaciones académicas o profesionales.
- Formación recibida durante la relación laboral.
- Evaluaciones del desempeño.

El registro de esta información permite disponer de un historial completo del trabajador dentro de la empresa.

11.1.1 Currículum vitae

El currículum vitae (CV) es el documento que recoge la información personal, académica y profesional de una persona. Este documento se utiliza habitualmente durante los procesos de selección de personal para evaluar la idoneidad de los candidatos para un determinado puesto de trabajo.

Dentro de la gestión de recursos humanos, el currículum vitae constituye una fuente importante de información sobre la trayectoria profesional del trabajador, ya que permite conocer aspectos como:

- Formación académica.
- Experiencia laboral previa.
- Competencias profesionales.
- Conocimientos técnicos o idiomas.

En los sistemas informáticos de gestión de personal, esta información puede registrarse dentro del expediente del trabajador, permitiendo a la empresa consultar fácilmente su perfil profesional.

El almacenamiento del currículum vitae dentro del sistema facilita el acceso a esta información y permite utilizarla en procesos como la promoción interna o la asignación de tareas específicas.

11.1.2 Titulaciones

Las **titulaciones** hacen referencia a los estudios académicos o profesionales que ha completado el trabajador y que acreditan su nivel de formación.

Estas titulaciones pueden ser de diferentes tipos, entre los que destacan:

- Títulos universitarios.
- Formación profesional.
- Certificados profesionales.
- Cursos de especialización.

El registro de las titulaciones dentro del sistema de gestión de personal permite a la empresa conocer el nivel de cualificación de sus trabajadores y facilita la asignación de funciones acordes con su formación.

Además, en determinados puestos de trabajo puede ser obligatorio disponer de determinadas titulaciones o certificaciones para poder desempeñar la actividad laboral.

11.1.3 Formación

La formación constituye un elemento fundamental en el desarrollo profesional de los trabajadores y en la mejora de la productividad dentro de la empresa.

Las organizaciones suelen desarrollar programas de formación con el objetivo de:

- Mejorar las competencias profesionales de los trabajadores.
- Actualizar conocimientos técnicos.
- Adaptarse a cambios tecnológicos o normativos.
- Favorecer el desarrollo profesional del personal.

Dentro de los sistemas de gestión de recursos humanos, es posible registrar las acciones formativas en las que ha participado cada trabajador, creando un historial de formación que permite conocer su evolución profesional.

Esta información puede resultar útil para planificar futuras actividades formativas o para identificar necesidades de formación dentro de la empresa.

11.1.4 Evaluación del desempeño

La evaluación del desempeño es un proceso mediante el cual la empresa analiza el rendimiento y el comportamiento profesional de los trabajadores durante un determinado periodo de tiempo.

El objetivo de este proceso es valorar el grado en que los empleados cumplen con las responsabilidades de su puesto de trabajo y contribuyen al logro de los objetivos de la organización.

La evaluación del desempeño puede tener diferentes finalidades, como:

- Mejorar el rendimiento laboral.
- Identificar necesidades de formación.
- Reconocer el trabajo bien realizado.
- Facilitar la promoción interna.

Los criterios utilizados para evaluar el desempeño pueden variar en función de la empresa y del tipo de actividad desarrollada, pero suelen incluir aspectos como:

- Cumplimiento de objetivos.
- Calidad del trabajo realizado.
- Capacidad de trabajo en equipo.
- Responsabilidad y compromiso.

El registro de las evaluaciones dentro del sistema de gestión de personal permite mantener un seguimiento del rendimiento de los trabajadores y facilita la toma de decisiones relacionadas con su desarrollo profesional dentro de la empresa.

12

Seguridad, control de acceso y utilidades

Las aplicaciones informáticas utilizadas en la gestión laboral manejan una gran cantidad de información sensible relacionada con los trabajadores, las empresas y las obligaciones fiscales y laborales. Por este motivo, resulta fundamental garantizar la seguridad del sistema y controlar adecuadamente el acceso a la información almacenada.

Programas de gestión laboral como NOMINASOL incorporan diferentes herramientas destinadas a proteger los datos del sistema y a garantizar que únicamente las personas autorizadas puedan acceder a determinada información.

Estas herramientas permiten establecer distintos mecanismos de control y seguridad, como:

- Control de acceso de los usuarios.
- Definición de niveles de permisos.
- Protección de datos confidenciales.
- Realización de copias de seguridad.

Además, el programa incorpora diversas utilidades del sistema que facilitan la gestión diaria del trabajo administrativo, permitiendo configurar documentos, dispositivos periféricos y herramientas auxiliares que ayudan a mejorar la organización del trabajo.

12.1 SEGURIDAD DE LA APLICACIÓN

La seguridad de la aplicación hace referencia al conjunto de mecanismos destinados a proteger la información almacenada en el sistema y evitar accesos no autorizados.

En las aplicaciones de gestión laboral es especialmente importante garantizar la confidencialidad de los datos, ya que el sistema almacena información sensible relacionada con:

▼ Datos personales de los trabajadores.

▼ Información salarial.

▼ Datos fiscales.

▼ Información contractual.

Para garantizar la protección de estos datos, el programa permite configurar diferentes medidas de seguridad que limitan el acceso al sistema y protegen la información almacenada.

Entre estas medidas se encuentran la asignación de niveles de seguridad, la restricción de acceso a determinados usuarios y la realización de copias de seguridad de la información.

12.1.1 Niveles de seguridad

Los niveles de seguridad permiten establecer distintos grados de acceso al sistema en función del perfil de cada usuario.

Mediante esta funcionalidad, el administrador del programa puede definir qué operaciones puede realizar cada usuario dentro de la aplicación.

Por ejemplo, algunos usuarios pueden tener permiso para:

▼ Consultar información de los trabajadores.

▼ Generar informes o documentos.

Mientras que otros usuarios con mayor nivel de acceso pueden realizar operaciones más avanzadas, como:

▼ Crear o modificar fichas de trabajadores.

▼ Generar nóminas.

▼ Modificar datos fiscales o laborales.

La utilización de distintos niveles de seguridad permite proteger la información del sistema y evitar modificaciones no autorizadas en los datos almacenados.

12.1.2 Acceso restringido

El acceso restringido consiste en limitar el acceso al programa mediante sistemas de identificación de usuarios.

En este tipo de sistemas, cada persona que utiliza la aplicación dispone de un usuario y una contraseña que le permiten acceder al sistema.

Una vez dentro del programa, el sistema reconoce al usuario y aplica los permisos correspondientes en función de su nivel de seguridad.

Este mecanismo permite:

▼ Controlar quién accede al sistema.

▼ Registrar las operaciones realizadas por cada usuario.

▼ Evitar accesos no autorizados a la información.

El control de acceso resulta especialmente importante en entornos donde varias personas utilizan la misma aplicación para gestionar información laboral.

12.1.3 Copias de seguridad

Las copias de seguridad son un elemento fundamental para garantizar la protección de la información almacenada en el sistema.

Una copia de seguridad consiste en crear una copia de los datos del programa para poder recuperarlos en caso de pérdida de información.

La pérdida de datos puede producirse por diferentes motivos, como:

- ▼ Fallos del sistema informático.
- ▼ Problemas en el almacenamiento de datos.
- ▼ Errores humanos.
- ▼ Ataques informáticos.

Para evitar la pérdida de información, es recomendable realizar copias de seguridad de forma periódica.

En programas como NOMINASOL, el sistema permite generar copias de seguridad que pueden almacenarse en diferentes dispositivos, como:

- ▼ Discos duros externos.
- ▼ Memorias USB.
- ▼ Servidores de almacenamiento.

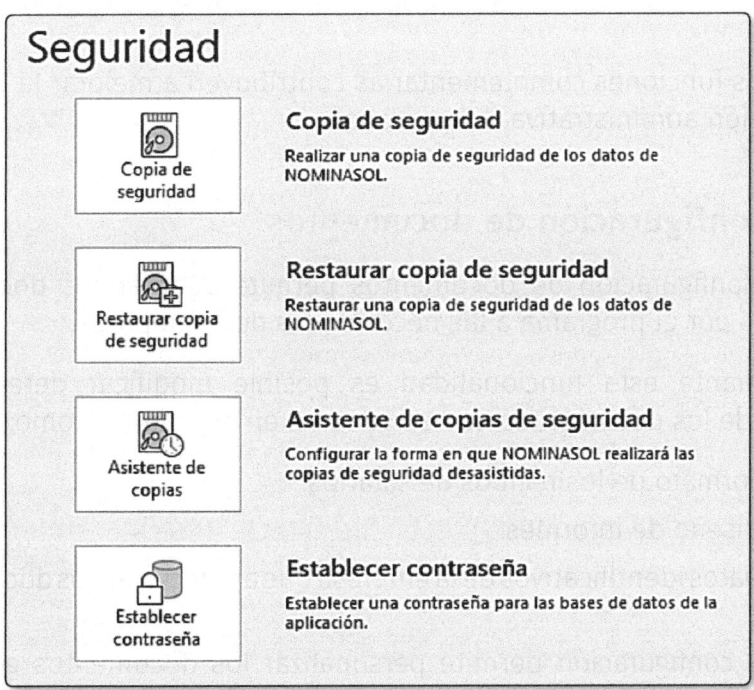

La realización periódica de estas copias permite restaurar la información del sistema en caso de que se produzca algún problema que afecte a los datos almacenados.

12.2 UTILIDADES DEL SISTEMA

Además de las herramientas relacionadas con la seguridad, las aplicaciones de gestión laboral incluyen diversas utilidades del sistema que facilitan la realización de tareas administrativas y mejoran la organización del trabajo.

Estas utilidades permiten configurar diferentes aspectos del programa y proporcionan herramientas adicionales que pueden resultar útiles en el trabajo diario.

Entre las utilidades más habituales que pueden encontrarse en este tipo de aplicaciones se encuentran:

▼ Configuración de documentos.

▼ Configuración de periféricos.

▼ Herramientas de organización como agendas o recordatorios.

Estas funciones complementarias contribuyen a mejorar la eficiencia en la gestión administrativa del personal.

12.2.1 Configuración de documentos

La configuración de documentos permite adaptar los documentos generados por el programa a las necesidades de la empresa.

Mediante esta funcionalidad es posible modificar determinados aspectos de los documentos que se generan en el sistema, como:

▼ Formato de los recibos de salarios.

▼ Diseño de informes.

▼ Datos identificativos de la empresa que aparecen en los documentos.

Esta configuración permite personalizar los documentos generados por el sistema y adaptarlos a la imagen corporativa de la empresa.

12.2.2 Configuración de periféricos

La configuración de periféricos permite establecer los dispositivos externos que se utilizarán junto con la aplicación.

Entre los periféricos más habituales que pueden configurarse se encuentran:

- Impresoras.
- Escáneres.
- Dispositivos de almacenamiento externo.

La correcta configuración de estos dispositivos permite utilizar el programa de forma más eficiente, facilitando tareas como la impresión de documentos o el almacenamiento de copias de seguridad.

12.2.3 Agenda

La agenda es una herramienta integrada dentro del sistema que permite organizar información relacionada con la gestión administrativa del personal.

Esta utilidad puede utilizarse para registrar diferentes tipos de información, como:

- Recordatorios de tareas administrativas.
- Fechas importantes relacionadas con contratos o vencimientos.
- Información de contacto de trabajadores o empresas.

La utilización de una agenda dentro del sistema permite mejorar la organización del trabajo y facilita el seguimiento de determinadas tareas relacionadas con la gestión laboral.

12.3 CUESTIONARIO

1. **¿Cuál es la finalidad principal de las aplicaciones informáticas de recursos humanos?**
   a) Sustituir a los trabajadores.
   b) Automatizar y gestionar los procesos administrativos del personal.
   c) Controlar únicamente los salarios.
   d) Reducir la plantilla de la empresa.

2. **¿Cuál de las siguientes funciones es propia de estas aplicaciones?**
   a) Diseño gráfico empresarial.
   b) Gestión de nóminas y cotizaciones.
   c) Producción industrial.
   d) Venta de productos.

3. **¿Qué factor es clave al elegir una aplicación de RR. HH.?**
   a) El color de la interfaz.
   b) Las necesidades de la empresa.
   c) El número de iconos.
   d) El idioma del fabricante únicamente.

4. **¿Qué permite la integración con otros sistemas (ERP, contabilidad, etc.)?**
   a) Eliminar la información.
   b) Compartir datos y evitar duplicidades.
   c) Reducir la seguridad.
   d) Aumentar los costes sin beneficio.

5. **¿Qué normativa debe cumplir una aplicación de RR. HH. en relación con los datos personales?**
   a) Código Civil.
   b) Reglamento General de Protección de Datos (RGPD).
   c) Ley de Tráfico.
   d) Estatuto del Consumidor.

6. **¿Qué elemento es imprescindible para garantizar la seguridad de la información?**

a) Uso de colores corporativos.

b) Control de accesos y contraseñas.

c) Mayor número de usuarios.

d) Eliminación de copias de seguridad.

7. **¿Qué permite la automatización de procesos en estas aplicaciones?**

a) Aumentar los errores humanos.

b) Reducir tiempo y errores en tareas administrativas.

c) Eliminar la necesidad de datos.

d) Evitar el uso de software.

8. **¿Qué contiene la ficha del trabajador en el sistema?**

a) Solo el salario base.

b) Datos personales, contractuales y fiscales.

c) Únicamente su horario.

d) Información de clientes.

9. **¿Qué función cumplen las tablas del sistema en programas como NOMINASOL?**

a) Eliminar información antigua.

b) Automatizar procesos y garantizar coherencia de datos.

c) Sustituir al usuario.

d) Reducir el número de trabajadores.

10. **¿Qué documento genera la aplicación para justificar el pago del salario?**

a) Balance contable.

b) Nómina o recibo de salarios.

c) Factura comercial.

d) Albarán.

Respuestas

1. b

2. b

3. b

4. b

5. b

6. b

7. b

8. b

9. b

10. b

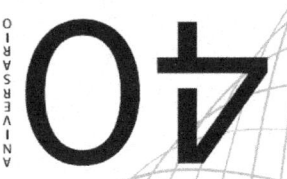
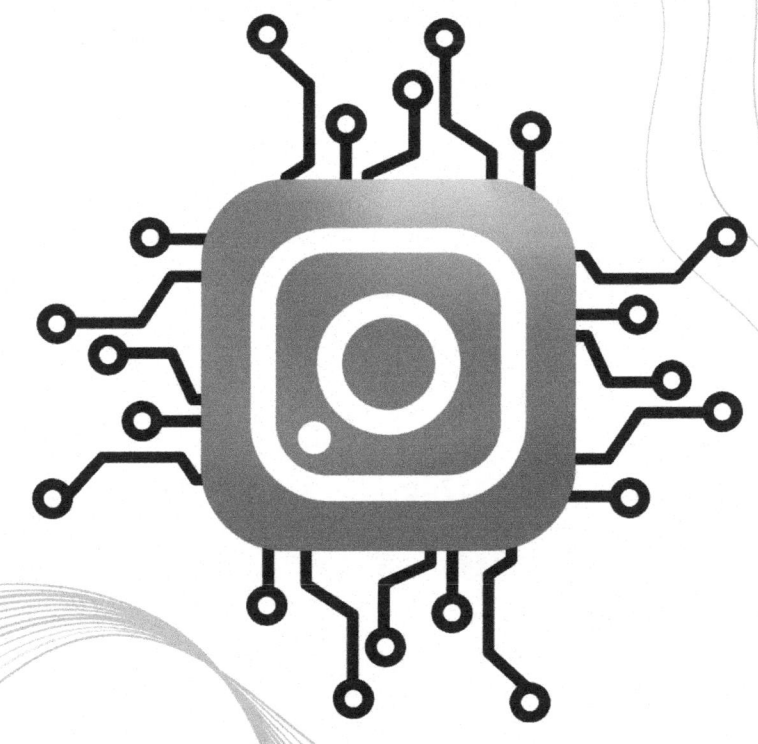